郑成功

Cheng gong
Zheng

郑成功
Zheng Cheng gong

 皮波人物国际名人研究中心 编著

国际文化出版公司
·北京·

图书在版编目（CIP）数据

郑成功/皮波人物国际名人研究中心编著. --北京：国际文化
出版公司，2012.11（2024.2重印）
（名人传记丛书）
ISBN 978-7-5125-0380-9

Ⅰ.①郑⋯ Ⅱ.①皮⋯ Ⅲ.①郑成功（1624～1662）—传记
Ⅳ.①K825.2

中国版本图书馆CIP数据核字（2012）第123393号

郑成功
——————

作　　者	皮波人物国际名人研究中心　编著
责任编辑	戴　婕
统筹监制	葛宏峰　刘　毅　任立雍
策划编辑	任　娜
美术编辑	丁鋉煜
出版发行	国际文化出版公司
经　　销	国文润华文化传媒（北京）有限责任公司
印　　刷	北京一鑫印务有限责任公司
开　　本	700毫米×1000毫米　　16开
	7.5印张　　　　　　　　81千字
版　　次	2012年11月第1版
	2024年2月第3次印刷
书　　号	ISBN 978-7-5125-0380-9
定　　价	29.00元

国际文化出版公司
北京市朝阳区东土城路乙9号　　　　　　邮编：100013
总编室：（010）64270995　　　　　传真：（010）64270995
销售热线：（010）64271187
传真：（010）64271187-800
E-mail：icpc@95777.sina.net

目录

目录

一波三折回到中国

"成功"的神奇出生

郑成功是明末清初著名的军事家，也是为后人称颂的民族英雄。他从荷兰侵略者手中收复了沦陷三十八年的宝岛台湾，维护了祖国领土的完整。这里从他的父亲开始讲述郑成功的一生。

郑芝龙，福建泉州府人，18岁时与兄弟一起到澳门的舅父黄程那里学习经商，并在澳门接受了天主教洗礼，教名为尼古拉。他多才多艺，通日语、西班牙语、葡萄牙语等多种语言，且热心学习剑术，还会演奏西洋乐器。

郑芝龙原是个海盗式的小商人，后发展成为拥有福建沿海实力最强大的武力和商业的团队首领。他的手下有数万人，经营走私与劫掠事业，横行于台湾海峡；后被招安，先后在明清两朝做过官员。

天启三年（1623年）郑芝龙奉命押送一批货前往日本。他聪慧机灵，喜欢结交朋友。在日本平户港登陆后，他很快就认识了一位华侨铁匠，名叫翁翊皇。郑芝龙经常到铁匠翁翊皇家走动，没过多久，便进入当地的华侨圈，成为华侨们各种社交场合的熟客。

铁匠翁翊皇有一个日籍继女田川氏，她是日本肥前平户岛主田川七左卫门的女儿，名叫田川松子，这时才 17 岁，正值花样年华，外貌美丽动人。俊朗潇洒的郑芝龙，第一次看到她时便被她深深地吸引住了。

田川氏不仅长得十分漂亮，而且性格恬静温柔。她的梳妆打扮在郑芝龙眼中别具异国风情。田川氏也很倾慕英俊魁梧的郑芝龙。就这样，他们彼此爱慕，不久便结为夫妻，可谓有情人终成眷属。郑芝龙之前曾娶过一个妻子陈氏，因此，田川氏只能算是郑芝龙的继室。

他们结婚的第二年，便有了一个儿子，郑芝龙给他取名"福松"。"福"代表不要忘了他的家乡——福建，"松"是希望他像松柏一样，长命百岁。郑福松是郑成功的本名。郑成功出生时有过一段惊险的经历。

明熹宗天启四年七月十四日（1624 年 8 月 27 日），千里滨（日本九州西部平户川内浦的海滨）就像平常一样明媚、安静，和相距不远的繁华市镇比较起来，不失为一个好地方。

这天，大腹便便的田川氏正在海边散步，她边走边捡起沙滩上可爱的贝壳。忽然，刮起大风，乌云笼罩了天空。闪电像一把利剑劈向天边，雷声也咆哮起来了，一阵瓢盆大雨从天而降。刚刚还是平静温和的海面顿时波涛汹涌，海浪狂暴地翻滚着。在这个时候，田川氏忽然感到肚子一阵阵剧痛。她知道自己马上就要分娩了，但一时找不到可以帮助她的人，也没有可以避雨的地方。她只好踉踉跄跄来到一块大石头旁边，就在这里她平安地生下了郑成功。

后来，这块石头因郑成功而闻名于世，被人称为"儿诞石"。现如今，这块石头仍放置在平户千里滨的海滩，成为当地的名胜古迹。据说目前这块石头已经被海沙埋陷，潮涨时会没入海浪中，仅能够看见它的顶端。此外，在千里滨还竖有一块碑文，全文约 1500 字，记录着郑成功出生的事情，以及郑成功一生的功勋业绩。关于郑成功的出生还有许多神奇的传说。

其中有一个传说非常的有趣。宋朝大学者朱熹知晓法术，曾经仰观天象、俯察地气，认为在福建这个地方，将来一定会出现一个杰出的人物，便在山顶上写了"海山视师"四个大字。

到了明太祖朱元璋即位的时候，他怕将来有人会推翻明朝取而代之，便派善观风水的周德兴，除掉各地"龙穴"，以除后患。周德兴向明太祖讲述了宋代大学士朱熹的预言，明太祖听后为之一震，下令周德兴去斩断这个"龙穴"。

周德兴来到福建后，被此地奇异的风光吸引，深觉此地与众不同，将来可能会出现仁人志士。因此，想起皇帝安排的任务，他不免犹豫起来。

晚上，周德兴做了一个梦——梦中一个声音告诉他千万不能捣毁此地的"龙穴"，否则会有大灾难。

第二天清晨，他醒来后，觉得此梦甚是奇怪，一时有些不解，就一边想一边走出门外。走着走着，周德兴不知不觉来到了山顶，抬头一看，正好看到了朱熹留下的四个大字——"海上视师"。这四个大字，遒劲有力，气势浑厚。他回想起昨夜梦中的事情，思索半天，下定了决心：宁可违背皇上的圣旨，也不愿违背天意，坚决不能破坏此地的风水，不能斩断这个"龙穴"。

后来，居住在此地的郑家，果然出了一个为天人敬仰的大人物——郑成功。他为明朝作出了不可磨灭的贡献，为守住最后一块土地，费尽了毕生的心血。后来发生的这些事情，郑成功立下的卓越功勋，恐怕当初的明太祖朱元璋是想不到的。

还有一个传说是，郑成功出生的时候，他家的屋顶上布满红光。邻居们都以为失火了，纷纷赶来救火，来到门前才知道原来是郑家生了一个男孩。

郑成功的千古业绩为后人所瞻仰，关于他的出生也留下了许许多多的传说。这些传说可能都是子虚乌有，但可以看出，郑成功在人们心目中是一位大英雄，人们愿意相信他的出生是不平凡的。

历经波折回故乡

虽然对郑成功的出生有许多奇异的传说，但他的幼年却是一波三折。他的母亲田川氏身兼父职，担起了教养郑成功的重任。这是因为在郑成功满月的时候，郑芝龙因避难逃到了台湾。当时日本的幕府专横跋扈，尤其对华侨进行剥削迫害。一些年轻气盛的华侨不堪忍受屈辱，打算起义反抗。没想到起义的事情走漏了风声，导致事情的失败。郑芝龙是起义的发起人之一。为了躲避风头，不得已逃到了台湾。

郑成功在五六岁的时候，被送到了一位老师家学习剑法。郑成功非常聪明，而且刻苦勤奋，不久便有了"小剑客"之称。

在郑芝龙诸多的儿子当中，郑成功是他最喜欢的一个。当初看到刚刚降生的儿子，他便预言这孩子将来一定会大富大贵。在郑芝龙远赴台湾的几年中，他非常思念自己的爱子，打算安定下来后，就把郑成功接到自己的身边。

这时的郑成功完全就像一个日本的小孩子。接受明朝招抚的郑芝龙在朝中做了官，生活也安定了下来，因此很想把留在日本的妻儿接回国来，一家人团聚。事务繁忙的郑芝龙，实在无法抽出时间，可他又十分思念妻儿，就把接回妻儿的任务托付给了他的弟弟郑芝燕去办理。郑芝燕到达日本后，才发现事情并不像想象中的那么简单。原来，当时的日本政府发布了命令，限制本国女子外出他国。郑芝燕只好将事情的来龙去脉写信告诉了哥哥郑芝龙。

郑芝龙接到弟弟的来信后，又派人率领船队携带着大量的礼物，浩浩荡荡地来到了日本。他们向日本幕府献上了大批的礼物，此外又呈上了郑芝龙的"军威图"，希望以此来迫使日本幕府让步。这么做确实也达到了一定的效果。日本幕府官员发现田川氏的丈夫郑芝龙不是等闲之辈，不敢小看郑芝龙的船队，但是日本女子不能出国，是有明文规定的，日本幕府也不能因此而破坏自己的政策。

双方经过多次的交涉，最后日本政府提出了一个中间办法，就是让郑成功回到中国，田川氏则要留在日本。因此，在当年的十月，他们把 7 岁的郑成功接回了中国，而田川氏留在了日本。

对郑成功来说，7 岁的那一年可以说是他生命中一个标志性的时间。他离开了熟悉的日本，回到了这个陌生的国度——中国。

郑芝龙一直苦等着爱儿的归来，虽然没能接回自己的妻子田川氏，但是能够看到许久没有见面的爱子，郑芝龙的高兴之情也是难以形容。

郑成功对父亲十分陌生，但是父子亲情是天性，他也不禁为见到父亲感到非常的高兴。郑芝龙无数次在幻想，儿子现在究竟长成什么样子了？如今见了面，郑芝龙欣慰地打量着爱子郑成功。眼前的郑成功，相貌端正、俊秀挺拔、气质非凡，言谈举止都显得十分有修养。他看着眼前的儿子，喜爱之情溢于言表，随口又给他取了一个新名字——森，意思是挺拔繁茂、坚挺不屈。

郑芝龙回国后，奉父母之命娶了颜氏。看到这个陌生的女子，郑成功没有任何敌意，而是很孝顺地接受了她。郑成功的懂事和善良，使得郑芝龙心里十分高兴。

郑成功虽然第一次回到中国，但是他也从华侨外公那儿听到过许多有关中国的事情。如今踏上了这块既陌生又熟悉的土地，他的心情十分复杂。

郑芝龙的手下都是些声大气粗的水手，他们大声谈笑吆喝、喝酒聊天，郑成功每天往来于他们之间，对他们讲的话、做的事，都似懂非懂。总之，这儿一切的一切，都使他一时之间感到无法适应。

过去郑成功在平户的生活，非常简单宁静，他已经习惯了母亲那种女性的温柔。如今回到中国，他的家不仅大，而且很复杂。来来往往的都是些大男人，对这样的变化，他有些接受不了。郑芝龙的部下知道这是他最疼爱的一个儿子，所以常常喜欢来逗弄他。

每天的生活虽然有许多新鲜惊奇的事情，但郑成功的心却感到无比的寂寞。他不哭也不闹，那种落寞的眼神，掩不住对母亲强烈的思念之情。七年来，他已经习惯了母亲温柔的声音和温暖的怀抱，可是现在却要孤单地面对这个陌生的环境，独自面对周围的一切。每到夜里，他总是会想起和母亲在一起时的点点滴滴，难以入睡。郑成功凝望着东边的天空，知道在海的另一边，自己温柔的母亲也在思念着他。

年少有志投学访师

郑芝龙年轻的时候玩心很重，从不肯好好读书，如今对郑成功却寄予厚望。郑芝龙想起这个孩子出生时的异兆，一心想好好地培养他，因此郑成功回来后就为他聘请了最好的老师教他读书。郑芝龙觉得虽然自己在官场和商场上十分威风，但还是改变不了自己的出身。他寄望于郑成功能在他晚年时带来更大的荣耀，能够得意科场，光宗耀祖。

有一天，家里来了一个看相的人，郑芝龙当时兴致很高，一定要请这个人替他得意的儿子算算命。那人看了郑成功之后大为赞赏。郑芝龙对他的称赞虽然满心欢喜，但是还觉得不过瘾，希望他能讲得更为清楚一点。因此，他对看相的人说："我是一个粗人，没读过什么书，很希望这个孩子将来能够在科举上成名，为我郑家争光，那我就心满意足了！"

看相的人听到郑芝龙这一番话，反而猛摇头。郑芝龙疑惑不解，心想："我夸奖我儿子科举中第，你不同意，难道要他像我一样吗？"

看相的人明白郑芝龙心里想的是什么，他说："令郎是济世的雄才，岂是科举中人。"后来也证明了那个看相人所说的话。郑成功十分喜欢读《春秋》和《孙子兵法》。由于他喜欢读《春秋》，儒家给他的影响非常大，忠君爱国的思想深植于心；又因为他喜欢读《孙子兵法》，使他能够成为一个才能卓越的将军。郑成功用兵打仗最大的特色，就是兵力不足的时候采用智取，因此他非常精于间谍之术，并建立了灵通复杂的情报网。只要清军有一点动静，郑成功马上就知道，而且这个情报网，一直到清朝结束仍然存在着。由此可见，他的影响力之深远。

郑成功喜欢读书，但从不读死书，而是能把书中的精神完全发挥出来。这样的好习惯，从他的少年时代就开始累积了。郑成功自幼头脑聪明，读书写文章绝不拘泥古人的陈见。他写的文章往往都是自己的见解，有时候都会令老师感到惊讶。

有一天，老师给11岁的郑成功，出了一个作文题目："小子当洒扫应对进退"。郑成功一挥而就。他在文章中很简洁地说："汤武之征诛，一洒扫也；尧舜之揖让，一进退应对也。"

一篇文章的好坏，最重要的就是文中的思想。老师是以《论语》中的一句话出的这个题目，这句话本意是说，子夏的门人弟子在洒扫庭院、应对宾客、进退礼仪方面，做得不错，堪称典范。年幼的郑成功在这样一个有关日常生活礼仪的题目上，发挥了一番政治的联想，不能不令人赞叹。

除了读书之外，郑成功还不忘练习剑法，对骑马射箭也有很大的兴趣。他希望能成为一个文武兼修的人。虽然他花了很多时间练习剑法和骑射，但是他的功课仍然是学得非常好。

在郑成功15岁那年，他以优异的成绩考中了福建南安县学生员，这可以说是他科举的第一步，郑芝龙感到非常的高兴。

当时有一位老先生见到郑成功之后，就对郑芝龙说："你这个儿子的将来，绝对不是你能比得上的！"这位老先生的话确实一点也没有说错，郑芝龙在历史上的地位当然是不能和郑成功相提并论的。

郑成功19岁那年，郑芝龙就欢欢喜喜地替他安排婚事。新娘是礼部侍郎董飏先的侄女，比郑成功年长一岁。郑芝龙并没有考虑儿子的意愿，其实郑成功并不十分同意这门亲事，他不想和没有感情的女子结婚。迫于父亲安排，也只好听从。

虽然郑成功并不中意他的新娘，可是这位董夫人却是位贤惠的女子。她对丈夫的不满意一点也不怨恨、不计较，而是谦恭柔顺地侍候着郑成功。妻子的这种宽容和一般人难及的涵养最终感动了丈夫，使丈夫对她产生了一份敬意。在他们结婚的第二年，董夫人就为郑成功生下一子，取名郑经。

娶妻生子，对郑氏的祖先也有了交代。郑成功心中最大的愿望就是去南京游学，增长见识。南京是当时明朝的政治中心，六朝遗风、人文荟萃之地，福建这样的边远之地是无法比及的。郑成功提出到南京游学的要求后，郑芝龙欣然答应了。不久以后，郑成功便辞别了父亲，前往南京游学去了。

当时在南京甚至在东南沿海一带，钱谦益的诗是出了名的。郑成功也读过他的诗，对他非常仰慕。郑成功到了南京后，就以弟子之礼，拜到钱谦益门下。

钱谦益看了郑成功写的诗后非常欣赏。想不到年纪轻轻的郑成功，写起诗来一点也不沾尘气，颇有才能。郑成功认为，读书人应以天下为己任，尤其是国家处在多难之秋，不应该成天吟诗弄月，而要心忧天下，因此他常常喜欢和他的老师讨论一些国家大事。

钱谦益对当时内忧外患的国情，却不敢有乐观的想法。郑成功不这么认为，他相信事在人为，自己将来一定会大有可为的。钱谦益听了郑成功的一番话后，认为他过于年轻，对世事知之甚少。任何事情，说起来容易，但是真正做起来却是非常的困难。

郑成功很不赞同老师的话，他认真地对老师说："做事也有区别，能不能做是一回事，愿不愿意做又是一回事。只要下定了决心，哪怕只有将士三千，也能干出一番大的事业！"

钱谦益听到年纪轻轻的学生竟能说出这番话，不禁对他刮目相看。他知道这个学生不论是从胆识、节操还是谋略上都胜过自己，将来肯定能成为一个杰出的人物，因此对他的言行大加赞赏。从这里我们不难看出，郑成功在年轻的时候便表现出了他的理想和抱负，以及知其不可为而为之的勇气。

立志反清的忠臣猛将

显才华赐名 "成功"

当时的明朝外有后金（即后来的清朝）连连进攻，内有李自成的农民起义军，战火愈燃愈炽。明朝的朝臣争斗不绝，疆场上将骄兵惰。崇祯十六年（1643年），也是郑成功在南京游学的那一年，李自成称王。第二年率兵攻打北京，崇祯皇帝自缢于煤山，明朝灭亡。五月，明朝的残余势力推举福王在南京即位，建立南明朝。驻守山海关的明朝将领吴三桂降清，清军入关打败李自成的起义军。十月，顺治帝迁都北京。

明弘光元年（1645年）四月，也就是福王登基的第一年，清兵攻破南京，南明情势岌岌可危。南明爱国将领史可法殉国，扬州失守，清军在扬州城进行恐怖的大屠杀，就是历史上有名的"扬州十日"。当时，郑成功从南京赶回了福建。

不久后，郑芝龙、郑鸿逵、福建巡抚张肯堂等在六月二十七日，拥立唐王在福州即位，即隆武帝。登基后，隆武帝大封郑氏一家：郑芝龙为平国公，郑鸿逵为定国公，郑芝豹为澄济伯，郑彩为永胜伯，郑联为都督总兵。郑氏一家将相满门，而朝廷所在地的福州，早就是郑芝龙的势力范围，当时的军国大权，全都掌握在郑芝龙的手中。

隆武元年（1645年）九月，郑芝龙的弟弟郑鸿逵，带着他的儿子觐见隆武帝，隆武帝看到这个孩子非常欢喜，就赐姓为朱。

郑鸿逵带着儿子回来的时候，把儿子受封的事情，向大家讲了一遍又一遍，十分得意。这些话传到了郑芝龙的耳朵里，他心里很不是滋味，越想越不服气。他觉得自己的儿子哪一点都比郑鸿逵的儿子强，只恨自己晚了一步。

第二天早上一起来，郑芝龙就急匆匆地带着郑成功，到临时的朝廷里去觐见隆武帝。

隆武帝看了郑成功后，顿了好大一会儿，都没有说一句话，这倒使郑芝龙心里七上八下，忐忑不安。隆武帝在仔细地观察了郑成功一阵之后，大为赞赏。他接着又问了郑成功一些问题，郑成功都对答如流。隆武帝见郑成功不但少年英俊，器宇非凡，而且文才了得，觉得他将来一定是栋梁之材，就不停地点头称赞，还说可惜自己没有女儿，否则一定要郑成功做驸马。最后，还赐了姓名，赐姓为朱，名为成功。郑芝龙听到隆武帝的称赞和所赐姓名，高兴得心花怒放，紧张了一阵的心这才放下了。

受到皇帝赐姓赐名，是一项特殊的恩宠。郑成功可能非常乐意被称为"朱成功"，但是大家却习惯称他为"郑成功"，因此"郑成功"这个名字就一直流传下来了。这就是郑成功之名的真正来历。

郑成功的母亲田川氏也母以子贵，被封为国夫人。后来日本方面得知此消息，就让田川氏盛装来到中国，使他们一家团圆。

　　郑成功听到母亲受到如此殊荣，也兴奋不已。郑芝龙从未看过一向不苟言笑的郑成功这般高兴快乐，因此也欣喜不已。

　　郑成功父子高高兴兴地回家后，郑芝龙当然又把这件事大肆渲染了一番。入夜之后，父子二人却各有各的心事。郑芝龙虽然为这件事高兴，但是老谋深算的他，不禁又有进一层的想法。他想皇帝今天这么做，是不是想借儿子郑成功来拉拢自己呢？他不禁怀疑起这件事后面的政治动机。如果明朝皇帝拥有天下，当然是一件莫大的喜事。可是眼看着明朝气数将尽，这件事也就祸福未卜了。想到儿子今天兴奋不已的样子，他忽然回忆起当年那位看相的人说过"这孩子是济世之雄才"，所以心里又变得阴晴不定了。

忠臣猛将郑成功塑像

　　郑成功兴奋得一夜都不能合眼。他一再回想起皇帝说的每一句话，并对皇帝赐姓赐名感到无限的荣耀。为报答知遇之恩，他已下定决心，以他毕生的性命，匡扶明室，至死不渝。

凭子贵母子团圆

拜见隆武帝后，郑成功被任命在福州管理军务。一年里，他主要负责军中的多项重要任务。后来又奉命把守江西、福建交界的大安关。这位充满雄心壮志的年轻指挥官，希望能积极地反攻，收复江西。当时长江一带已经失守，清廷命洪承畴总督军务，全力歼灭南方的抗清势力。

仙霞关在浙江、福建的交界处，是防止清兵势力南下的第一道防线。当时由郑成功的叔叔郑鸿逵把守，由于他表现不佳，最后改由郑成功镇守。

此外，郑成功还向隆武帝积极献策。首先要守住重要关口，防止清军南进，但这是消极的目标；另外要练兵选将，化消极的防守为积极的进攻，以水陆两军合攻；在军费筹措方面，要以商养战，借贸易往来的盈余补给战争所需。

郑成功这种策略，以现代的眼光来看，他的思想不但积极，而且很有前瞻性。他有这样长远的军事思想和战略方针，一方面是他的天赋所为，另一方面与父亲郑芝龙在商业的发展上含有很浓的国际色彩是分不开的。

隆武帝虽然很赞成郑成功的想法，但是最后他却做了一个错误的决定，他没有前往沿海，反而朝内陆的方向逃避，结果不幸蒙难。

隆武二年（1646年）三月，郑成功的军队镇守仙霞关时，皇帝赐他尚方宝剑，他终其一生都珍藏不用。

六月间，他接到母亲得病的消息，想到母亲不远千里从日本赶来中国，自己却因国难在身，无法在身边照料她，心中悲痛不已。"是水土不服？还是思儿成疾？或许两者兼而有？"郑成功脑海里出现了一连串的问号，他心急如焚，却没有办法。他和自己的母亲几乎有十六个年头都没有见过一面。

因为局势紧张，郑成功考虑了很久，终于含泪恳请隆武帝准他回家探母。母亲从日本来探望他，他不仅没亲自去迎接，到现在连一面都没见到。母亲生病了，郑成功无论如何都想回去见母亲一面。皇帝非常同情郑成功的一片孝心，因此就答应了他请假探母。

郑成功日夜兼程，终于见到了思念多年的生身母亲。十六年的思念，一时不知该从何说起，二人只是相拥痛哭。

田川氏望着英武挺拔的儿子，如今已经是威震一方的年轻将军了，心里有说不出的喜悦。在儿子眼中，母亲已不似记忆中的青春年少。岁月催人，如今已早生华发。生为人子却无法侍奉高堂老母，报答哺育之恩，不禁悲从中来！

田川氏回想起这些年自己的境遇，感慨万分。她17岁嫁给了郑芝龙，时值青春貌美，娇艳动人，婚后的日子过得也非常甜蜜。她原以为这种幸福的日子一定可以天长地久，但没想到的是，在郑成功生下来之后，正是田川氏一生最幸福的时候，郑芝龙却因避难逃到了台湾，这一去就是多年。这种快乐的生活，竟是如此的短促。田川氏和郑芝龙分别的时候，两情缠绵，难分难舍，没想到当时以为的一时离别，竟是难以再相见，怎叫她不伤心痛苦呢！

郑芝龙走后，田川氏一直认为丈夫很快就会回来的。可是一年又一年过去了，却不见他的身影。在郑成功 7 岁那一年，闻信郑芝龙总算是安定下来了。她想这回可以一家人团聚，共享天伦之乐了，却又因日本政府的"日本女子不得出国"的规定而幻灭了。送走爱儿郑成功后她更是心如刀割。她不但思念着丈夫，更思念着不知今生能否再次重逢的儿子。

她从郑芝燕的口中得知郑芝龙奉母命已娶了颜氏为妻，不免会感到黯然神伤。郑成功到了中国之后，有好几次写信到日本，希望母亲能来。

郑成功回中国后，田川氏就带着另一个儿子七左卫门（七左卫门是郑成功的弟弟，生于 1626 年，他的出生经历不详，有资料称他是郑成功同母异父或同父异母的弟弟。七左卫门被过继给田川氏的娘家，因此全名是田川七左卫门。）过着寂寞而平静的日子。她常常向七左卫门讲哥哥郑成功的事。七左卫门对远在中国的哥哥也非常想念，因为自从哥哥离开了以后他就失去了伙伴，感到十分的孤单。

唯一能安慰田川氏寂寞心灵的，就是对甜蜜往事的回忆了。这样的日子，一天又一天，一年又一年，想不到一晃就是十几年，就这样耗尽了田川氏最美丽的一段时光。这时从中国突然传来一个莫大的喜讯，那就是她的儿子享受皇帝赐封姓名，改为"朱成功"。田川氏也母以子贵被封为"国夫人"，这是田川氏自丈夫离开后最荣耀的时刻。她从来没有想过，居然会有这么大的荣耀落在她的头上。听到了这个喜讯，她的亲朋好友都纷纷前来庆贺。这个消息传到日本政府后，迫于压力，政府破例答应让她出国（在田川氏以前，还没有这样的先例）。

田川氏的小儿子七左卫门虽然为不能和母亲一起回国而闷闷不乐，但还是感到非常光荣，并且希望母亲能到中国去和哥哥团聚。他对母亲说："等我长大了之后，我一定也会去中国的。"

一阵兴奋和喜悦之后，田川氏又感到非常的矛盾、不安。夫妻阔别十几年，漫长的十几年中会有多少的变化呢？当初她认识郑芝龙时，正值豆蔻年华，郑芝龙也是个年轻英俊的小伙子，他们都被彼此深深地吸引了。但是现在自己已经成了容颜沧桑的妇人，早就不复当年的风采，郑芝龙还会像以前一样爱她吗？何况他现在已经另外娶了妻室，每当想到这点，她的心就直往下沉。她实在没有太大的把握，但是这个机会千载难逢，可能一旦失去，从此就再也见不到阔别已久的丈夫和儿子了，她还是不愿意放弃的。

何况，她更思念自己十几年未曾蒙面的长子。她知道儿子一点也没有让她失望，不但书读得很好，而且人品高尚，完全是她理想的好孩子。如今又蒙皇上赐名，更是她做母亲的光荣。想到这些，她就放下了心中所有的负担，兴致勃勃地准备出国的事情了。

田川氏来到中国之后就病倒了，一是水土不服，二是因为心病。郑芝龙虽然见到了自己离别已久的妻子，但是早已不是留在他印象中的美丽如仙子的那个田川氏了。加上当时他是隆武朝的军事大臣，在朝中不但要和那些文官议论国事，还要管理一支庞大的海上舰队，忙得不可开交。因此，田川氏来到中国之后，几乎很少看得到丈夫的影子。在郑家，她的身份只是郑芝龙的妾室，常受到其他人的故意刁难，这使她感到非常的委屈。

当时的明朝，仍然以"天朝自居"，很轻视日本人，称他们为"倭"。当初郑成功刚来中国的时候，也常常受到叔父们的嘲笑，使他感到非常的窘迫。这时田川氏虽贵为"国夫人"，但是在这些亲戚的眼中，她只不过是个来自东瀛的"倭妇"而已，自然不会对她有多少的尊重。

田川氏在许多方面与郑家的亲属们格格不入。最令她失望的就是来到中国一段时间后，一直没有让她看到朝思暮想的爱儿郑成功。她终于病倒了，而且一病不起。

现在看着眼前的儿子高大健壮，英气逼人，她感到满心的温暖和欣慰。

这一个月的团聚，让郑成功再次感受到了母爱的温暖。但是想不到这一次的团聚，竟是郑成功母子最后的一次聚会，匆匆一别，就成了永远的分离。后来，郑芝龙见战局不利便投降清朝，结果被清朝挟持。郑成功因不敌清军，只好暂且逃到金州去了。清军攻进安平时，丈夫和儿子生死未卜。这时在安平的郑芝豹，正打点全家准备向海上逃去。他希望田川氏和他们一起逃走，但是田川氏却不希望给郑芝豹一家带来麻烦，就婉转地谢绝了。田川氏漂泊万里，来到这遥远的异国，可是思乡、念子、忆旧，使田川氏在中国的日子过得非常的寂寞，与爱子郑成功也只是匆匆见了一面。孤身一人的田川氏，在异国已经没有可以依靠的亲人，更没有任何幻想和希望。清军军官到达安平之后烧杀抢掠，为非作歹。遭受清兵玷污的田川氏已经失去了求生的欲望，便持剑自杀了。母亲的死让郑成功悲愤不已，这也是他宁死不肯降清的重要原因。

父降母死誓为明亡

郑芝龙是一个聪明且有心机谋略的人，他以商人的独特眼光来看明朝的大势，深深地了解这个"国破山河在"的局面是维持不了多久的。向来喜欢做投机生意的郑芝龙，心里早已做好了打算。

他知道如果在隆武帝身上投资太多，将来势必血本无归。对算盘打得很精的郑芝龙来说，清廷才是他投资的对象，因此，他和投降清政府的洪承畴等人秘密联络，为自己铺好了后退的道路。

当时，浙江的仙霞关是隆武朝的第一战线。郑芝龙便以官费不足以养兵为借口，命官员们和民间的有钱人都得捐钱，不肯捐的就在门口贴上"不义"两个大字，对他们百般刁难。

郑芝龙搜刮钱粮，完全是一副海盗的样子。同时，他又想出一个办法聚集钱财——卖官鬻爵。不管是什么样的人，只要有钱就有官可做。在郑芝龙的心中，他根本没有把扶助明室放在心上。在清廷看来，郑芝龙这个人有很大的利用价值，多次允诺他高官厚禄，希望他能早点向清廷投怀送抱。

郑芝龙和清廷的关系，隆武帝已看得非常明白，常常独自一人闷坐不语，满面愁容。郑成功看后，就跪在地上问皇上是不是因为他的父亲心怀异志感到烦闷。他向皇上保证，自己深受皇上隆恩，如果将来有一天忠孝不能两全的时候，会移孝于忠，誓死捍卫国家的疆土，鞠躬尽瘁，死而后已。最后恳切地请求皇上为国珍重，不要太忧心了。

皇帝听后，痛哭不已。他伏在地上，再三叫郑成功起身。但没想到不久后，君臣二人，便天人永别了。

郑成功向皇帝说出的心里话，并非是因一时的激动而许下这么重的誓约，那是作为一个忠良之士所发出的肺腑之言。回顾郑成功一生的历史，就知道他把自己所说的每一句话都身体力行了。

当清兵南下的时候，郑芝龙曾派人暗通清廷，表明他会投降，但清兵却半信半疑。因为郑芝龙之子郑成功正整顿军队，坚守仙霞岭。在这危急存亡之秋，郑芝龙投降清朝的念头已经很明显了，不论郑成功对他如何哀求，他都坚持不发粮饷。

郑成功迫于形势，命他的妻妾将所有的首饰都捐了出来，然而此时他的夫人、姬妾，早已都是粗衣破裙，哪里还有什么值钱的东西。郑成功又急匆匆地赶回他父亲那里，再次恳求父亲，希望他能够供应粮饷补给。郑芝龙心意已决，他反过来想说服儿子不要再傻了。明朝大势已去，改朝换代，已是自然之事，顽强抵抗清军也是改变不了大局的。何必这么苦苦坚持呢？如果想保持实力，想享受荣华，唯有投降。这种没有希望的战争只能是以卵击石，最终也是失败的。

郑成功听后悲愤填膺，五内俱焚。这真是"君不君，臣不臣，父不父，子不子"。他痛恨自己手上没有一点实力，也希望父亲顾念父子之情，还能够听进一些他说的话。不论他说什么，郑芝龙只是连连摇头。以郑芝龙的精明和唯利是图，他怎么可能听得进儿子这番大道理呢？郑成功热泪盈眶，心酸不已。他认为当前唯一的生路，就是能够让父亲醒悟，声泪俱下地继续苦谏说："父亲，闽、粤一带路途崎岖、山险水恶，不同于北方的平坦，可以任意驰驱。只要我们凭险设伏，巩固防御，选将练兵，充实力量，发展贸易，充足兵饷，仍然大有可为啊。何况，您在这一带拥有庞大的势力，决不可轻信清廷的花言巧语。'虎不可离山，离山则不武；龙不可脱渊，脱渊则受困'啊，务请父亲三思而行。"

郑芝龙把儿子这番话视为稚子之见。是不知天时地利的枉谈，反倒希望儿子随着他一起降清，保持郑氏一族的荣华富贵。

郑成功的叔父鸿逵一直站在旁边看着他们父子相争，这时他也上前劝谏说："我们现在依然拥有战斗力旺盛的军队，军粮也不缺，而且大权在握，只要哥哥您登高一呼，天下都会群起响应，你如果投降清政府，迟早会后悔的！"

在郑成功的叔伯中，郑鸿逵最欣赏他。在此以前，他劝说郑成功赶快逃到金门，以免受清兵挟持，在那里还可以打下自己的军事基础。这时的郑芝龙眼睛里只有清政府许诺给他的高官厚禄，耳朵里只听到清政府允诺的甜言蜜语，他像着了魔一样，对弟弟和儿子的苦劝连一个字也听不进去。

郑鸿逵知道哥哥心意已决，想到他已经是被猪油蒙蔽了心窍，只好长叹一声，黯然离去。郑成功见叔叔已走，知道再也没有挽回的希望了，不过他仍不死心，还想作最后努力："清人的诺言没有半句真话，您就是隐居海上也比降清以后的日子要逍遥愉快得多。"

郑芝龙受不了儿子一而再、再而三的劝阻，拂袖而去了。他拒绝了他儿子的要求，最终也没有给他军粮和补给。清兵长驱直入，直攻仙霞关，最后郑成功终不能敌，仙霞关宣告失守。这个时候，郑成功只得听从叔父郑鸿逵的建议逃往金门。想不到父子两人，从此便南辕北辙，永远决绝了。

郑成功逃往金门后不久，就接到隆武帝蒙难的噩耗。想到自己尚未能报答皇上的隆恩，令他深感遗憾，不禁痛哭失声。郑成功下令当地居民全部换上素服，为皇上服丧。设立灵台，隔海遥祭。

此时，郑芝龙仍然停留在福州，和清政府的官员们一起喝酒谈天。郑芝龙虽然对隆武帝有功，可是这并不是他的本意。他早就认为南明朝偏安于东南一隅，最终免不了会被清政府消灭，因此，曾秘密地派人和投降清政府的内院洪承畴、御史黄熙胤联络，早有背叛之意。

因为协助唐王称帝的时候有大功，郑芝龙的态度非常骄横。他集军政大权于一身，不但没有把当时的文武百官看在眼里，甚至连皇帝也没有摆在心上。有很多文人都看不惯他那妄自尊大、目中无人的态度。当时朝臣黄道周就曾讽刺他说："你能和开国元勋徐达相比吗？"郑芝龙大言不惭地反驳说："就以今天的形势而论，如果我能从福建一直打到天津，那么我的功劳就不在徐达之下了！"像这样的明争暗斗的事情经常发生。

这个时候，洪承畴被清政府派为江南经略，黄熙胤也和洪承畴一道完成招抚福建的任务。他们两人都是福建晋江人，和郑芝龙可以说是同乡，对郑芝龙的为人也有相当程度的了解。洪承畴和黄熙胤经过一番商量，决定用高官显位来引诱郑芝龙投降，毕竟他手上还握着隆武朝很大的军权。

清朝也愿意给郑芝龙一个闽粤总督的官位，想以此来拉拢他。这对郑芝龙来说，的确是一件让他动心的事情。他同时还希望自己的弟弟和儿子能够和他一起投降清政府，这当然是不可能的。在几经考虑之后，郑芝龙还是向清政府呈上降表，并且写信给郑成功，希望他也一起投降清军。

郑成功接到这封信后，慷慨激昂地写了一封回信。他写道："从来只听说过父亲教导儿子要为国尽忠，我还是第一次听到，做父亲的劝儿子向敌人投降。这些清人哪里是讲信用的人，他们答应您的话，无非是花言巧语，怎么能轻易听信呢？现在如果父亲不听儿子的劝告，执意要投降清政府，万一您遭到不幸，孩儿只好穿着孝服，替您复仇了。"

后来，郑成功曾有一封信写给他的四弟，那种悲痛之情，溢于言表：

> 兄弟隔别数载，聚首几日，忽然被挟北去，天也！命也！弟之多方规谏，继以痛哭，可谓无所不至矣。而兄之坚贞自持，不特利害不能以动其心，即斧刃加吾颈，亦不能移吾志。何则？决之已早而筹之已熟矣。
>
> 夫凤凰翱翔千仞之上，悠悠于宇宙之间，任其纵横所之者，超超然脱乎世俗之外也。兄名闻四海，用兵老矣，岂有舍凤凰而就虎豹者哉？惟吾弟善事父亲，厥尽孝道，从此以后勿以兄为念！

此刻，郑芝龙和清贝勒正在一起饮酒作乐，神情非常愉快。清贝勒向郑芝龙贺喜说道："现在我军南下，势如破竹，明朝很快就会被打垮的，到那个时候，你就是福建、广东两省的总督了。"

　　郑芝龙心中大喜，闽粤总督那可真是值得神气的官职。一向小心谨慎的郑芝龙，无论到哪里，都有随从人员跟着，而且从不与人多饮酒，保证自己随时都是清醒的。也许他太急着想讨好清政府，也许一厢情愿地相信清政府所开给他的许多空头支票，因此他对清贝勒没有丝毫的防范之心。

　　可这一次他实在是太疏忽了，不但自己不能保持清醒，而且对自己的家人和自己的安全也没有经过仔细周到的安排。他兴冲冲的和贝勒两人喝得酩酊大醉，话愈谈愈多，最后趁着酒兴折箭为盟。贝勒一再强调清政府将会重用郑芝龙，而郑芝龙也拍着胸脯表示，对清政府绝对是忠心不二。

　　不久，郑芝龙就烂醉如泥了。原本已是酒话连篇、语无伦次的贝勒，见郑芝龙真的是醉了，立刻指挥手下火速拔营，把烂醉如泥的郑芝龙挟持北上。原来贝勒整个晚上都在演戏。精明的郑芝龙做梦也没想到会这样落在别人的手里。

　　在北上的途中，郑芝龙才如梦初醒。他整个心都凉透了，这下子才明白儿子和弟弟的话一点都没有错，清政府哪里会讲什么信用呢，只不过想利用自己而已。自古道"好梦由来最易醒"，想不到这个闽粤总督的美梦很快就幻灭了。正值壮年的郑芝龙，一夜之间就苍老了许多。

在这一个月中，郑成功接连收到父降母死的消息，这对他的打击实在太大了，使他肝胆俱裂，痛心不已。他披带着蓝衫儒巾多次去孔庙祭拜，大哭着说："我过去不过是一个书生而已，后来成了大将军，可谓是威风凛凛，荣耀无比，然而现如今却成了孤臣独子，怎能不让我伤心呢！"但是想到还未完成的大事，他又擦干眼泪，重振士气，发誓要为守住明朝的最后一片土地而努力。郑成功站起身来，目视远方，将儒巾付之一炬，愤然离去。这一刻是郑成功青年时代最悲壮的一幕，也是他一生中重要的转折点。

从那以后，郑成功义无反顾地开始了反清复明的大业。

与清政府多年对峙

重整军队奋抗清军

隆武二年（1646 年），福州已经是清政府的势力范围。隆武帝逃往汀州时被捕，为避免受辱和对国破家亡的绝望，他绝食而亡。南明朝的最后一个皇帝明昭宗在肇庆即位，改元永历。永历帝封郑成功为威远侯。

面对明朝即将彻底灭亡、父降母丧的惨状，年仅 20 多岁的郑成功，强忍心中之痛，决定要重组父亲在福建沿海一带的军力，东山再起。此后的五年是郑成功奠定实力基础的五年，也是他武力最强盛的五年。

重组父亲昔日的旧将可谓困难重重。当时跟随郑成功的只有平时和他要好的一些朋友，而郑芝龙的部下，因为郑芝龙已经投降清政府，大都观望不前，不知何去何从。一时之间，郑家在海上的势力几乎分崩离析。这些旧将还是希望有个带头人将他们聚合起来，重振郑家势力。

正在大家举棋不定、群龙无首的时候，郑成功以敏锐的眼光、果断的智谋，用反清复明的口号，将父亲这些昔日的旧将重新召集了起来，重新组建了强大的郑家军。同时，他在南澳又召集到几千人。军队组建起来了，但是新的问题出现了，就是如何筹集粮饷。如此庞大的郑家军，需要足够的粮饷和补给，可这个时候的郑成功根本没有力量养活这样一支庞大的军队。他翻来覆去想了很久，最后把希望寄托在了日本人的身上，希望得到日本政府的帮助。后来，他利用中日商船贸易的盈余，暂时解决了军饷的问题。实力大增后，郑成功名声大振，周边的残余势力都来归附于他，就连许多明末的宗室和余臣也都跑来依附他。这样，他的军事实力就更加强大了。不久，郑成功在烈屿（小金门）以"忠孝伯招讨大将军罪臣国姓"之名誓师反清。这一次的战役先胜后败，虽然不大理想，可是郑功成的军威却因此而提高了不少。

永历二年（1648 年）的春天，鲁王命军队攻福州。这时

率领大军的郑成功铜像

郑成功率领着手下甘辉和林习山，与清军大战于同安附近的店头山。鲁王的军队进攻福建，攻下了建宁和兴化几个城市。

郑成功在店头山打败了清军，想就此借胜利的余威再攻下同安城。同安城的县官张放龄，一看兵士已经不多，粮草补给又不能及时运到，眼看着将要弹尽粮绝，因此就偷偷地逃走了。

张放龄和他的手下一跑，郑成功的部下甘辉就率领着军队攻入了城内。郑成功再三发出命令，不许部下骚扰民众。郑成功派明官叶翼云当同安的县官，希望他能够劝百姓缴粮以补充军需；又命陈鼎在百姓中做宣传，希望以此能劝同安县的人民，共同参加反清复明的战争。在郑成功许多得力的部将之中，有许多都是同安县人，这也为他能在同安县取得民心打下了很好的基础。

这时的郑成功不仅在战场上取得了成功，还在同安县结识了他一生中最爱的女子瑜娘。瑜娘不但人长得漂亮，而且性格温柔，恬静淡泊，擅长诗文。瑜娘 19 岁那年嫁给了郑成功。郑成功将死的时候，她痛哭流涕，写诗说："赤手曾擎明日月，丹心犹照漠乾坤。"郑成功去世后，她便削发为尼，遁入空门，远离世俗。

清政府的福建提督赵国祚，听说同安城被郑成功攻下，非常不安，就前去询问总督这件事该如何处理，总督命他务必夺回同安城。

之前，赵国祚曾率领军队和郑家军在泉州打过一仗。那一战从早上一直打到中午，把赵国祚的军队打得落花流水，最后赵国祚实在抵挡不住，只好带领着军队，躲到泉州城里，把城门关得紧紧的，等待援军的解围。没想到郑成功以水陆两军来攻打泉州，还把他的大将解应龙给杀了。眼看赵国祚的军队已经被逼入了死角，只有死路一条。这时驻守在漳州的守军黄进终于带援军赶到，解了泉州之危，把赵国祚救了。

由于上次惨败的经历，赵国祚一听到郑成功的名字，就吓得魂飞魄散。这一次，上面下命令派陈锦等人协助赵国祚反攻同安，赵国祚正想出一口怨气，对于夺回同安，他是势在必得，一雪泉州之耻。赵国祚来势汹汹，率领着许多兵马，猛攻同安城。

这时的同安县令叶翼云认为郑成功既然把同安城守城的责任完全交给了自己，自己必须要坚守城池，誓死不退。虽然他深知与敌军无法抵抗，仍然拼死力拒，奋战到底。当赵国祚的军队攻进同安城时，叶翼云和陈鼎虽率着守城士兵拼死抵抗，但最终因兵力不足，殉难身亡。

由于陈鼎对同安城百姓的大力教化，当地的百姓非常支持郑成功反清复明的政策，使得清廷大为震怒。当同安城被攻陷后，清兵对这里的百姓进行了大肆的屠杀，据传惨遭杀害的人有五万之多。

当时的郑成功正在铜山练兵。他听到同安城被围的消息后，马上率领海陆两军前往支援。没想到当时正好行船时是逆风，船队不能快速前进，当他们赶到金门的时候，同安城已经完全陷落。

对于同安城官民的奋勇抵抗，郑成功非常感动。对陷落后惨遭杀戮的事情，郑成功非常痛心，他责怪自己没有能够及时前往援救。在祭奠同安城的殉难军民时，郑成功好几次失声痛哭，在场者也无不掩面涕泣。

永历三年（1649年），郑成功改奉永历年号为正朔，永历帝册封他为延平王，所以有的人也称郑成功为郑延平。这个时候，福建、广州一带呈现混乱的局面，除了明朝的剩余部队和清军以外，到处都有土豪、山贼据城称王。这些土豪、山贼相互争夺领地，并且强制所占据地方的百姓交粮交钱，宛如土皇帝。

当时郑成功拥有较完善的军备和实力比较强的军队，但也因为军队太庞大，领土太少，面临筹集粮饷的重大问题。于是，郑成功决定挥兵南下，除了打击福建南部的清军外，也打算沿路收复各地的城寨以为粮源。

郑成功首先举兵攻打漳浦。当年的十月，郑成功又攻取云霄。云霄的守将张国柱，在离云霄五里的地方，和郑成功的大将相遇，双方展开激烈交战，最后被郑家军打败。郑家军于是直向云霄城进逼。云霄城的战况非常激烈。当地的清军守将姚国泰，坚守不屈，最后被郑成功手下的两名大将击败。姚国泰被俘，云霄城也攻下了。

郑家军借着胜利的气势，转而进攻诏安。郑成功料定，漳州的清军一定会赶来支援，于是命令手下大将，极力牵制住漳州的援军。

　　由清将王之纲、王邦俊所指挥的漳州援兵果然来了。郑成功的军队和清方的援军在盘陀岭展开了激烈的战斗。当时的雾很大，敌军像潮水一样涌来，最后，郑成功的部下由于弹尽粮绝，加上大部分的士兵在这次战役中都已阵亡，无力苦撑，最后以失败告终。清政府的将领王邦俊乘胜攻下了云霄城，也再度把诏安占领了。

　　就像同安城的战争一样，郑家军又是先胜后败，不得不转到广东。当时他听说广东有五虎，霸占着许多地方，郑成功想平定这五虎，以此来取得一些土地和兵力，最后他们很轻松地平定了五虎，取得了广东沿海的好几个海港，这对于水陆两栖作战的郑家军来说收获可不小，从此他们后方的补给和军粮的运输，比以前方便多了。

　　永历四年（1650 年），郑成功率军来到潮阳，当地知县得知消息后提前开城投降，郑成功大为高兴。他将收到的粮饷全部交给了部下洪旭监管。说到洪旭，需要简单讲述一下。洪旭是福建铜安人，原来是郑芝龙的部下，后来他投在郑成功的麾下，致力于反清复明的大业。洪旭为人处世十分稳妥，思虑周密谨慎，绝不轻举妄动，因此深得郑成功的信任。后来他一直追随郑成功北伐南京，渡海到达台湾。在郑成功的诸多将领中，他是最受信任者之一。郑成功死后，到了他的儿子郑经时代，洪旭和陈永华两人合作无间，共同辅佐郑经，对台湾的经营作出了许多的贡献。洪旭去世时郑经十分悲痛，亲自安葬了这一元老级的将领。

郑成功将潮阳托付洪旭留守之后，和他的叔父郑鸿逵并肩作战，全力进攻揭阳，最终揭阳也被攻下。接着，郑成功率军攻打潮州。

当时驻守潮州的守将赫尚久，曾经拒绝郑成功"联军"的要求，与郑成功之间素有嫌隙。郑成功便以郝尚久立场"不清不明"为由，出兵攻击潮州。郝尚久部队不敌郑军，只好退守潮州城，闭门不战。由于郝尚久在潮州的情形不利，一气之下便向清军投降，并请求清军的支援，一同对抗郑成功。赫尚久率着清朝的援兵前来救援，但是这一次郑家军却把清政府的援军打败了。清政府的军队败得很惨，不过守将赫尚久却保全了一条性命。

这个时候，郑成功分兵三路进攻潮州。清政府将领王邦俊与郑军顽强相抗，使得郑家军围攻潮州城 3 个多月，也未能拿下此地。总结没有取得成功的原因，很大一部分和当时的气候有关。因为那时天气很热，郑成功的士兵们都染上了疾病，使战斗力大受影响，同时漳州的援军也及时赶到，郑成功迫不得已，才退兵回了潮阳。永历四年（1650 年）八月，郑成功的叔父郑芝鹏，也来到了潮阳。

"成功"智夺根据地

郑成功在没有占领金门和厦门以前，主要的活动范围就是福建和广东等沿海一带，因为福建和广东沿海的岛屿极多，在过去的战争中，郑成功曾经占领的就有铜山港，且一度攻占了诏安湾。这些海港不但非常曲折，而且港湾开阔，对他的海军作战非常有利。但是，若以地理位置来说，金门和厦门才是上上之选。

古人曾这样描述过这两个地方：厦门是控制漳州的咽喉，金门是控制泉州的咽喉。金门和厦门，就是漳泉通往海洋的咽喉地带。向东可以控制台湾和澎湖，向北可以控制浙东和浙西。

郑成功的叔父郑鸿逵，曾劝说郑成功要以泉州为据点，但攻打泉州失败了。他的另一个叔父郑芝莞认为，现在这样攻打泉州很难，如果以厦门做根据地再攻打就轻松多了。当时的金门和厦门两地，被郑成功的堂兄郑彩和郑联所占据。他们在那里胡作非为，但是他们海上的力量很强大。

郑成功听了叔父郑芝莞的这番话，认为厦门现在已经是郑联所有，攻打自己人，在道理上总是说不过去，而且他在海上的势力也很大，万一攻打不下，反而成了仇人，这样就会削弱郑家军的力量。郑成功对郑芝莞的这个建议，感到非常犹豫。

对郑成功本身来说，他现在急需一个根据地，泉州无法得手，厦门是理想的对象，基于军事上的需要，他非常希望能够得到厦门，可是要用什么理由才能得到呢？

这时，他的部下施琅看出了郑成功的心事。施琅原是郑芝龙的部下，郑芝龙降清后他就跟随郑成功抗清。施琅是个十分聪明的人，很有军事才能。因此就劝他说，现在郑联在厦门的所作所为简直是暴虐，即使是出兵夺取了这个地方，也算是替天行道啊。施琅的话一语就道破了郑成功的心事。郑成功听后说道："他的船很多，海军的力量也很强大，万一和他正面冲突，不能取胜就糟糕了！"

施琅接着又说："我们用不着和他正面冲突，兵不厌诈。不如趁早采取行动，攻其不备。"郑成功沉思了一会儿，说道："此计可行，但最好能以和平方式取得厦门，我实在不愿担负杀兄的骂名。"

郑芝莞接着劝道："如果不杀了郑联，恐怕他的部下不会诚心归服，还是杀了为好。"郑成功终于下定了决心。

在中秋节那个晚上，郑家军悄悄地到达了鼓浪屿，当时郑联正在喝酒，烂醉如泥。郑成功一再求见，可是郑联却不肯见他。

直到第二天的早晨，郑联终于答应在船上接见郑成功。

这时的郑成功装着满脸笑容，一副乞怜的表情，乞求郑联说："自从隆武帝死后，我一直都很不顺利，攻打泉州，没有攻下，攻打同安和云霄，结果都得而复失，现在依然是一场空。因此，我赶来找你，希望能暂时在此地有个安身之所，我是不会忘记你今日的恩德的。"郑联听了郑成功的话说道："兄弟何出此言，帮助你是应当的，你先回去休息，明日再说。"郑成功告辞出来后，趁郑联不备，令部下陆续进港，并暗中部署好。随后，郑成功设宴请郑联同饮，在郑联回去的路上设下埋伏，杀死了郑联。郑联死后，他的部下就投降了。一夜之间，郑成功取得了厦门。这使当地的百姓们都感到非常的高兴，郑联手下的整个船队也收归郑成功下，郑家军的兵力得到扩充。

郑成功不知道郑彩听到这里的事情后，会有怎样的反应。他先是派人把这个消息通知了郑彩（当时郑彩远走南洋）。郑彩本是一个聪明人，他知道大势已去，不如做一个顺水人情，因此就派人回信给郑成功说："如今我年纪已大，我们郑家的子弟就数你最有出息，因此，我愿意把我的部下都交给你统辖。"

有了郑彩这样的一句话，郑成功大为心安，马上派人接郑彩回国，兄弟两人又像以前一样的和睦，心里没有一点芥蒂。这时，厦门完全由郑成功支配了。就这样转战几年后，郑成功终于有了自己的根据地，这也将是他一生事业的起点。

郑成功在这几年间，曾经攻打海澄、泉州，结果都没有成功；后来攻打同安、云霄，却又得而复失。现在终于取得了厦门。几年来的东征西讨，确实已经奠定下郑成功武力的基础，他又以厦门为根据地，展开了对清政府一连串的攻击，使他的反清复明的战争达到了高潮。

这时有一个名叫周全斌的人，向郑成功提出过三个战胜清军的策略。他说："我这三个计策，分为上策、中策和下策。上策是最积极的作战办法——你要言和。如今最好能够联合背叛清政府的三个藩王——吴三桂、耿精忠、尚可喜三人。连同他们的力量，进行反清复明。他们不但力量相当大，足够灭亡清政府，而且现在发生叛乱，正是清廷最大的心腹之患。如果能够说服他们与之联合，那么反清复明的希望就大大增加了；中策是联合支援桂王的孙可望、李定国，里应外合，总比现在孤军奋战要强得多；最后下策，就是伺机待发。守住现在已有的根据地，慢慢地找占领东南沿海一带城市的机会，再图发展。"

在周全斌三个建议之中，上策是郑成功不愿意做的。因为清初三藩，都是曾经背叛明朝的人。至于中策联合孙可望、李定国两人，成功的可能也不大。因为他们两人，为了争夺功劳，已经私下不和。因此，一切靠自己才是最重要的。郑成功并不急功近利，他宁愿选择下策等待时机。

金门和厦门，在郑成功对清朝的作战中，所起的作用是利弊参半。从有利的一方面来说：郑成功所采取的作战方式，是水陆两栖的作战方法。进可以取泉州、漳州，退可以守海上。不但活动力强，而且很有弹性。那时候的海战，既没有雷达，又没有潜水艇，因此行在海上，如入无人之境，不但比陆路安全，而且迅速得多。只要有一艘船，就可以自由自在地在海上活动，使清廷防不胜防。古人说"千山隔不如一水隔"这是有道理的。就世界历史来说，许多岛国之所以能称霸一时，多半就是靠"千山隔不如一水隔"的原因。例如，以元朝武力之强，可以席卷欧洲，曾经越过无数的山脉，但是却不能攻下隔着一洋的日本。欧洲的拿破仑，当时声威之盛，却不能攻下一水之隔的英伦三岛，都是基于同样的理由。

不过就这种地理环境而言，郑成功必须有三道海防线：第一道是海外，第二道是沿海，第三道是本土。如果能掌握到第一道外围防线，就能保障自己本身的安全。掌握了后两道防线就能保障海上的补给，而且还不容易被敌人切断，能够作持久的战争。从郑芝龙到郑成功他们控制沿海地区，已经有了二十三年的历史。福建、广东一带沿海的小岛，早就成了郑家军的势力范围，对于郑成功作战是很大的帮助。

在占据厦门后，清兵攻打郑成功，只有一次成功。那次是因为郑成功南下，让叔父郑芝莞独自留守厦门，结果不敌清军慌忙败走，使清政府夺得厦门，但是很快又被郑成功夺了回来。在其他大部分的战争中，清政府总是吃败仗的多。当然这与郑成功善于海战的军事才能有关，但是也在很大程度上得益于优越的地理环境。

说到不利的一方面，就是以海上为基地，必须不断地攻击对方，才能守住本身的阵营。而以海上为根据地最大的缺点，就是不容易取得军粮的补给，因此必需发动很多次的战争，才能获得军粮。将海岛作为根据地，取得小的胜利是可能的，但是却无法获得全面性和决定性的胜利，这就是制于海也受制于海的道理。

清政府自然知道郑成功的弱点，因此就讽刺地对他说："中国向来只有马上皇帝，却没听说出过水上皇帝。"

但是，郑成功以海上为根据地，和清廷进行了多年的对抗，在中国历史上还是首次。

过去虽然也有许多水上作战的记录，最有名的就是"赤壁之战""淝水之战"，这些战役以规模来说，要比清政府和郑成功作战的规模更大，但是就时间而论，清政府和郑成功作战的时间却是最长的。

复得失地赏罚分明

郑成功之前在广东占据了潮阳，现在又有了厦门、金门为根据地，对巩固自己的实力终于有了后备保障。这年的十一月，由于清兵攻下了广州，情势非常危急，因此永历帝十万火急地派人去见郑成功，希望他能马上派兵支援。

郑成功心里非常清楚，如果他前去支援，不但潮阳方面守不住，就连刚刚获得的金门和厦门也非常危险。但是郑成功对明朝非常的忠心，永历帝有难，他无论如何都要去搭救。因此下先令弃守潮阳。一月间打下的潮阳，仅占领了十一个月，就宣告弃守。

当年的十二月，郑成功来到了揭阳，和叔父郑鸿逵商量这件事情。郑鸿逵十分赞赏他这种忠君的精神，并且预祝他能够顺利成功。

十二月二十日，郑成功起航南下，虽然揭阳的父老乡亲希望他能够留在此地，可是郑成功一点都不敢怠慢，日夜兼程，希望早一日赶到永历帝的身边。

永历五年（1651年），郑成功的船队到达南澳。南澳守将陈豹对郑成功说："现在广州方面的情势已经非常危险，这次赶到广州，恐怕连金门和厦门都要失手，倒不如就以南澳为指挥中心，两者兼顾，我陈豹愿意尽我所能，为大将军效命！"

郑成功知道他是一番好意，可是永历帝有难，他绝不能因为自己的根据地有失去的危险，就不前去相助，因此他对陈豹说："我受先帝隆恩，已经决意要替国家效命。不管情况是多么危险，我也不会动摇，如金门和厦门真有变故，那只好等以后再说了。"

这时随行的施琅告诉郑成功，他昨天晚上做了一个很不吉祥的梦，这次南下勤王，可能会很不顺利。这种话在郑成功看来自然是非常的荒谬。他绝对不会因为施琅做了一个不祥之梦就改变了主意，不再南下。

在郑成功南下之时，郑成功的叔父郑鸿逵，派了他手下的两名大将萧拱辰和沈奇一起协助他。不料，二月二十五日那天，郑成功的船队在白沙湖的海面上遭遇了极大的风浪，船只几乎被倾翻。即使郑成功的手下都是老练的水手，可是遇上这么大的风浪，还是束手无策，最后船只很困难地驶向港湾，暂时等待大风过了再继续前进。

三月十日，郑成功的船队到了广州一个叫大星所的地方。船上的火夫到岸上去砍柴的时候被清兵驱逐。郑成功得知此消息后大怒，立即率领大军攻城，这一次非常顺利，不但一口气把城攻下，而且获得了许多粮食，这正是郑家军最需要的。

当大家都感到高兴的时候，忽然传来了不利的消息，原来厦门已经被清兵偷袭占领了。

得知厦门被清军夺去，郑成功的部下纷纷哀求他下令返回厦门。郑成功无法，只得率领军队返回。回到厦门的时候，清军不仅占领了厦门，还把郑成功的粮仓和所有的财产都劫掠一空。而他的部下也遭受了许多损失。

原来郑成功离开厦门南下勤王的时候，清政府的许多大官如巡抚张学圣、提督马得功以及大将王邦俊等，都想利用郑家军主力不在、厦门防备松散的机会攻取厦门。因此，他们就威胁郑成功的另一个叔叔郑芝豹用船带他们到厦门去。纵使郑芝豹一千万个不情愿，但是由于受到清兵的威胁也只得照办。

当初郑成功离开厦门时，曾把厦门的防卫工作都交给他的叔叔郑芝莞，并嘱咐他坚守厦门。

这时，在厦门的郑芝莞面对突然来袭的清军，吓得不知所措。他第一个想到的就是怎样保全自己的生命财产，至于郑成功临走时交代他的话，早已忘得一干二净。

清兵来到厦门后，提督马得功将郑成功的所有财物统统抢走。这些财物是从郑芝龙时候就留下来的，包括九十多万两黄金，无数的金银财宝，以及囤积的许多粮食。尤其是这些粮食，确实得来不易，那是郑成功发动了好几次战争才从沿海一带取得的。因此这一次的损失，对郑成功的打击实在太大了。当地老百姓和将士们的财产，也被清朝的官兵掠夺了不少，损失极为惨重。清军得逞后，却没打算留在厦门与赶回来的郑军主力决战，而是满载战利品马上回到内陆去了。

在广东的郑鸿逵听到了这个消息，马上赶回，准备在半途中拦住清兵，希望能够将财产夺回来。清军拿郑芝龙做挡箭牌，威胁郑鸿逵说，如果他敢反抗，他们回去就把郑芝龙杀掉。而且在安平他们还有郑家的家眷为质。接着，清军又劝诱说，如果放他们离开，一定保证郑家人的安全，这正是一举两得的事。郑鸿逵想了想，同意了清军的要求。

郑成功回来看到这种情形，无比愤怒，下令攻打厦门，很快就把厦门重新占领了。

这次清军把郑成功多年来积蓄的粮食全部劫掠一空，使得郑成功不得不向沿海各地大肆征收粮食。他把征得的粮食以及一切物资都囤积在海澄。

郑成功回来之后，就追究厦门被清军偷袭的原因。他的叔叔郑鸿逵自认对这件事处理得不是很好，心中感到十分愧疚，打算从此退隐。将金门等地都交给郑成功管辖。

这次厦门虽然失守，但不久再度收回。从此以后，士兵们个个都是敌忾同仇、斗志高昂，在此后的几次战役中，都取得了辉煌的战绩。之后，郑成功论功行赏并惩罚作战不力者，郑芝莞被斩，其他将领按功劳大小获赏、升擢不一。

施琅降清失英杰

　　靖海侯施琅是福建晋江人。他原名施郎，后改为施琅。据说施琅快要出生的时候，他的母亲做了个很奇异的梦，梦醒后就生下了他。他生下来的时候"颐广额宽"，是大富之相，因此，家里人对他寄予厚望，认为他将来定会飞黄腾达。再加上施琅天生聪颖，尤其对兵法无一不精，造就了他非常自信的性格。

　　施琅原本是郑芝龙的部下，郑芝龙降清后，他被郑成功收到军下，做郑家军的左先锋。在郑成功的所有的将领中，施琅年纪是最小的，但又是最聪明最有才华的，深受郑成功的赏识和器重。郑成功军队的许多作战方法都是施琅训练的。施琅对于郑家军的贡献功不可没。

　　施琅外貌俊朗，气宇轩昂，可谓是一表人才。毕竟因为年纪轻，仗着自己的机灵智巧，志得意满，难免有些恃才傲物，而且施琅本身就是一个直率自信的人。有时在郑成功面前难免有些高傲之色，令郑成功暗生不满。后来因为对南下勤王的郑成功"舍水就陆，以剽掠筹集军饷"的策略提出反对意见，郑成功很不高兴。于是就削减施琅的兵权，认为留下他没什么用处，就把他作为闲置人员遣返回厦门。回到厦门时正好遭遇清军马得功偷袭厦门，主将郑芝莞惊慌弃城溃逃。施琅亲自率亲兵60余人主动抵抗，勇不可当，杀死了清军马得功的弟弟，马得功也差点被活擒，使得残兵败将的清军仓皇逃离厦门。

精于海战的施琅塑像

郑成功听闻厦门被袭，返回厦门后，重重奖赏了英勇抵抗清军的一干将领，唯独对闲置人员施琅奋勇抗敌只字未提，就赏了他纹银200两了事，也没恢复他之前左先锋兵权职位，种种原因使得施琅对郑成功也极为不满。

恰在此时，施琅的一位亲兵曾德犯了死罪，他逃到郑成功那里，被郑成功提拔为亲随。施琅抓回曾德后，准备按军法杀了他。郑成功急忙派人传达命令，让施琅不准杀曾德。施琅完全不把郑成功的命令放在眼里，照样杀了曾德。

这虽然是一件正常的事，但却出现了大问题。施琅不服从军令，使得郑成功大为震怒。郑成功下令将施琅以及其父施大宣、其弟施显一起捆绑起来，交给吴芳看守，准备处死。施琅心中大恨，心想因为这样一件小事，不但将自己过去功劳一笔抹杀，而且还殃及我的老父和弟弟，心中实在不甘。

施显这时劝施琅，他说以哥哥的聪明，逃出这儿应该不是难事。你想个法子暂时骗过吴芳，有父亲和我在这儿，也许他不会起疑心。施琅不愿意扔下父亲和弟弟，独自逃生。

"哥哥，你还没有后代，不能死啊。何况你的聪明才智远在我之上，不能因此而断送了一生。你不用再多说了，多一分迟疑，就少一分把握，还是赶快逃走吧！"施显见哥哥不肯逃走再次急切地劝道。

施琅在父亲和弟弟的催促下骗过了吴芳，逃了出来。他逃出后，先躲在了一个石洞里，但是心中忐忑不安，不知今后的命运是祸是福。这时肚子饿极了，忽然听到有两个老农从石洞旁经过。

施琅从洞中钻出，向老农乞求些食物，老农看这年轻人相貌英俊，可是却不知因何事落魄至此，就给了他一些残羹剩饭，施琅再三称谢。

郑成功一听施琅逃跑了，忙下令抓捕他。郑成功知道施琅为人聪明，又颇自负，而且他还知道太多的军事机密，如果不能及时杀他灭口，将来必定后患无穷。因此发下命令，凡能捉住施琅的重重有赏，如有藏匿者，一律格杀勿论。

郑成功预料施琅一时之间无法逃远，因此派出大批人员严加搜查，不要放过一个角落。施琅知道郑成功已布下天罗地网，使他无法逃遁，摆在他眼前的仿佛只有死路一条。他愁苦万分，但忽然灵机一闪，一条妙计浮现脑中。

原来施琅有个手下，名叫苏茂，他为人正直忠正。施琅现在处在危难时期，要是找他帮忙，他绝对不会推辞的。但在施琅心中，他也深知如果苏茂收留他，一旦被人发现，可能惹来杀身之祸，可是现在是生死关头，施琅也顾不了这么多了。施琅趁着月色悄悄地来到了苏茂的门口，敲门道："苏茂，我是施琅，我现在走投无路了，念我们相处一场，你又是一个忠义的人，因此我特来将我这颗人头送上门来，好让你邀功领赏，升官发财。"

苏茂在妻子房内，听到外面施琅的话，不由得冒出了一身冷汗。果然，苏茂来不及整衣，就急匆匆地开门，赶忙将施琅拉进门内。

聪明的施琅用这样的激将法，果然生效，老实的苏茂涨红着脸说："苏茂从来不是卖友求荣的人，我们夫妻俩一定会鼎力相助的！"

苏茂是条硬汉，对施琅是忠心耿耿，此时他已把自己一家的生死都置之度外了。施琅于是放心地躲在苏茂家里暂时避一下风头。果真不到两天，追兵就搜到苏茂家中，但施琅侥幸地逃过了搜查。

到了晚上，苏茂用小船载着施琅，将他送走了，然后自己却向郑成功自首。

郑成功最欣赏的就是讲义气的人，虽然这件事对他来说极为不利，虽然内心里对苏茂耿耿于怀，但还是赦免了苏茂。不过后来郑成功还是借故把他杀了。

施琅逃走以后，郑成功把他的父亲和弟弟都杀了，因此施琅恨极了郑成功，于是就投降了清廷。清政府的海军力量远不如郑成功的军队，后来由于施琅才改变了这种局面。郑家军的许多作战方法都是他提出和训练的，降清后，他将自己的经验都拿出来，使清政府的海军力量有了突飞猛进的发展。郑成功当初逼走施琅，可以说是他的一大损失。施琅先后被升为水师提督、太子太保。最后清政府让他领军攻打台湾。

精于海战的施琅知道台湾沿海的水都很浅，因此他替清政府造的福船都是比较小的。如果清政府没有施琅这个人才，究竟什么时候才能消灭台湾郑氏的力量就不得而知了。清政府最终还采纳了施琅的建议，决定将台湾隶属于福建省，并设一府三县。

增强力量大战连捷

永历五年（1651年），郑成功重新整编了他的军队，又另外增了十个营。这十个营就是仁、义、礼、智、信五营和英兵、奇兵、游兵、殿兵、正兵五营。另外他又着手改善战斗武器，命令他的手下陈启制造单器，使得军队的战斗力更为强大。此外，在清政府那边，也有许多人先后投到郑成功的麾下。这些人是黄兴、黄梧、张名振、周雀之、阮骏等，他们都加入到郑成功反清复明的队伍中来。郑成功在几次战斗中都取得了辉煌的战绩。

当年五月，郑成功再度和清政府的将领王邦俊相遇，在海澄附近进行了激战。王邦俊深知郑成功的厉害，因此他调了好几千人来壮大声势，但郑成功却不以力取，而以智夺。他先设下伏兵，然后派他的大将甘辉、万礼、柯鹏等人前往诱敌，当王邦俊的部队走到半路的时候，伏兵全出，王邦俊这才知道中了郑成功的计谋，只好狼狈逃走。在这次战役中，郑成功获得了许多马匹和武器。

到了九月，郑成功再度和王邦俊的军队交战。这一次，郑成功又设下了许多伏兵，他先命王秀奇和林顺先去和王邦俊的军队交锋，然后再叫所有的伏兵倾师而出，把王邦俊的

郑成功塑像

军队杀得落荒而逃。王邦俊被郑家军打得非常之惨，他手下的兵士全军覆没。不得已，他只好厚着脸皮，向上级求援。

十一月，清军分三路来战，郑成功也把自己的军队分为三路迎战。这次清军虽然有备而来，本想截击郑成功后面的军队，结果这项计谋被郑成功的大将甘辉识破，未能得逞，仍然被郑成功的军队打得落花流水。

永历六年（1652年）正月初二，郑成功再度进攻海澄。这次非常顺利，他们的船只趁着潮水，一直到达了海澄的城下。当时海澄的清廷守将赫文兴，早就有投降之意，等到郑成功大军一到，他马上就开城请降。

郑成功对赫文兴大为奖赏，并且命令他仍然驻军海澄。郑成功进入海澄之后，下一个目标就是长泰县。进攻长泰并不是那么的顺利。

郑家军在长泰的东门外，准备用云梯攻城。郑成功下令所有的军队，把长泰城层层地包围起来。这次战役耗费了很长的一段时间，仍然没能把长泰攻打下来。

到了三月，清政府的浙闽总督陈景，率领一万大军前来支援。郑成功设下伏兵，准备和陈景大战。而陈景率领大军前来，看到郑家军没有一丝动静，心存疑惧，不敢轻易前进。经过了一阵子的沉寂，陈景愈来愈感到忐忑不安，不知道郑家军又要耍什么花样。因为他曾听说郑成功足智多谋，常常喜欢用计，因此心里不免有些发慌。就在这个时候，郑家军射出三支火箭，忽然所有的军队就像潮水般地涌了出来。

在清军和郑家军正打得不可开交的时候，郑成功忽然率领着一支队伍直接冲杀过来，他那锐不可当的声势，把清军都吓退了。这时大将甘辉、黄廷、陈俸都冲上来把清军包围，连刚从清军投降的赫文兴也参与了作战，使清军阵脚大乱，落荒而逃。放眼看去，遍地都是清军的尸体。大获全胜的郑家军，把死亡的清军衣服脱了下来，拿起他们的武器，缴获了不少物资。浙闽总督陈景，大大地领教了郑成功的厉害。

长泰城内的守将见到陈景的援兵竟然败得这么惨，也一个个吓得心胆俱裂。经过一阵商量，三十六计，走为上策，那些守将不顾一切地逃走了。长泰城的守将和县官趁着夜色逃跑后，当地的百姓都欢欢喜喜地开了城门，迎接郑成功的大军。

在这次战斗中，大将甘辉身负重伤，但是他们的战斗意志仍然很高，最终转败为胜。另外，此战中清政府的军队因为不善于水战，结果也淹死了不少。

郑成功的军队在水战中能取得重大胜利，是因为平时在训练军队水上作战时，常常要求他们即使是遇到惊涛骇浪，也要像如履平地一般。士兵们的服装也很简单，仅仅是上身穿着铠甲，下身只穿着短裤，还不允许穿鞋。如果有穿鞋子的，必然会遭受到责骂，郑成功常常要他们光着脚作战，是因为光着脚在海边的沙滩上作战更为便捷。

郑成功再度率军攻打漳州。好几次都成为郑成功手下败将的王邦俊，这次不得不硬着头皮再次迎战。他心里着实害怕，因此就请求浙江方面的马进宝来支援他。郑成功这次又命全军埋伏，分为左右两侧，当清军正率兵前进的时候，郑成功一声令下，左右伏兵冲出，又将清军打得落花流水。王邦俊一连吃了郑家军好几次败仗，这次就躲在漳州城中坚守不出，郑家军只好把漳州城紧紧包围。

从当年的五月一直到八月，漳州城已经被围有三个月之久，城中的百姓被困无粮，到了拿老鼠、树根、果皮等充饥的地步，甚至出现了吃人的现象。尽管如此，郑成功依然没有办法把它攻下来，而且清廷一再地增派援军前来。

这次援军的首领是平南将军金砺，他率领一支由汉人和满人组成的超大规模的骑兵队，共有数万人，他们不分昼夜，日夜兼程，在九月十八日到达了泉州。金砺率领的数万大军气势勃勃，士气高昂。郑成功的军队则久战疲惫，粮草将尽，已有退兵之意。

经过上几次战争，金砺久闻郑成功大名，不敢像以前的陈景那样轻敌了。他知道郑成功用兵十分厉害，尤其善用计谋，常常乘人不备，突发奇兵，因此他料想郑成功可能故伎重演，在行军的时候，便兵分几路前进。他判定郑成功的军队已经粮草将尽，无法像以前一样一鼓作气，再加上他这次的军力很猛，便有自信能够打败郑成功，使漳州城马上解危。

十月初一，郑成功和金砺两军相遇。郑成功这次的计谋是用火攻，可是，运气不好，正刮着强烈的西北风，发射出去的火箭又被吹回。金砺一看，机会难得，于是带着军队猛冲过来。郑家军损失很惨，丧失了多位指挥官，郑成功只好把军队退回海澄。

郑成功认为海澄是潮州的咽喉，和金门、厦门互为表里，于是加强海澄防守的力量，命当地人民建筑防御工事。他希望除了金门和厦门之外，能以海澄作他的仓库地区，他把许多重要的兵器和粮食都放在海澄。海澄的防御工事终于完成，周围筑有城墙，并且有炮口对外，随时可以应战。

金砺希望能够再度攻下海澄，可是又找不到好的办法将郑成功大军一网打尽。清政府这时还要应对三藩之乱，实在没有兵力再来攻打郑成功，因此便命郑芝龙劝他的儿子投降，郑成功严词拒绝了父亲的劝降。

永历七年（1653年）四月，金砺调遣水陆两军，并且在十个县市内征集民夫两万人，搬运各项作战的武器，声势浩大，决心一举攻破海澄。

五月四日，金砺在与海澄城仅相距半里的妈祖宫前扎营，当天晚上，清军一刻不停地发动全部力量猛烈攻击。在如此强大的火力攻击下，海澄的防御工事已被清军破坏了大半，郑家军死伤无数。

战争持续了一整天。郑成功有一名非常勇敢的将领，名叫陈魁。他向郑成功请求，率领几百个人组成敢死队，出其不意，冲进清军的阵营，郑成功答应了。可是，最后并没有收到预期的效果，陈魁本人身负重伤，只好匆匆撤回。

到了第三天，海澄已经破坏殆尽了，郑成功下了最后的决心，在海澄的护城壕里面埋下火药，阻止清兵前进。当清军冲来的时候，郑成功下令点燃火药，使清军不敢再向前一步，不得不退去了。

到了七日早晨，金砺还是不死心，率领着大军，冲向海澄城门。郑成功立即下令点燃火药，结果清兵全部被炸死，尸体堆满了护城壕。

清兵虽遭挫败，但金砺的手下人多势众，海澄眼看就保不住了。郑成功的部下人人危惧，希望马上退回厦门。郑成功勉励部下，他还有妙计能把清军杀得片甲不留。他诚恳地对部说："如果你们胆怯不敢应战，那就走吧，我绝不阻拦你们。我是绝对不会离开此地的，誓死守城。"将士们听到郑成功的这番话，深受感动，不再畏怯，反而奋勇争先，拼死作战。最后终于打败了清军，获得大胜，稳住了海澄基地。

海澄之战，是郑成功战史中非常精彩的一个战役。郑成功把海澄作为他的仓库，因此必须全力固守。他命令手下最好的工程师冯澄世再度修筑海澄的防御工事。

在海澄之役后，郑成功被封漳国公，但他却辞谢不敢接受，希望分封那些有功的将士们。当时受封的将士是：甘辉为崇明伯，黄廷为永安伯，王秀奇为庆都伯，赫文兴为祥符伯，万礼为建安伯。至于其他的将士，也都论功行赏，或是升迁或是奖赏。

作为清廷主战派的金砺，由于海澄之役损失严重，便闭口不谈战事，主和派开始在朝中势力强盛起来。另外，清廷也认为郑成功非常厉害，加之当时有三藩之乱，清政府已无法兼顾，因此想采用招抚政策，招降郑成功。而郑成功也希望趁这段时间休养生息，以积储更多的粮食，因为粮食问题是郑家军中最难以解决也是最重要的问题。此后，郑成功和清政府彼此相安无事，出现了一段比较和平的岁月。

巧拒"议和"为己解难

自从海澄之役清军大败后，清政府打算利用和谈，来分化郑成功的力量。

足智多谋的郑成功早就看破了清政府的诡计。他正想利用这个机会，养精蓄锐、储蓄粮草，为以后做更加妥善的准备。因为他最后的目标，还是要大举北征，于是就借这个机会先虚和清政府。

清政府由主战到主和，完全是因为在郑家军面前屡吃败仗，为了找一个台阶下，找了一个冠冕堂皇的理由就是——看在郑芝龙投降的份上，不忍他的子弟背弃自己的父亲，因此对郑成功网开一面，希望他能够悔悟，像他父亲一样投靠过来。

清政府把过去和郑成功一切的战争，都推到了地方政府的身上，尤其是多尔衮已死，顺治皇帝又利用机会，将多尔衮当作代罪羔羊，把清政府和郑成功中间的许多争执都推到多尔衮的身上，让他扮黑脸，自己扮白脸，同时给了郑成功许多优厚的条件，引诱郑成功接受清政府的招抚。

为了能让郑成功回心转意，清政府还给郑成功写了一封信。郑成功收到信后，也学清政府的理由回了一封信，他说："我在这里这么多年，早就移孝作忠，希望有生之年，能报效国家。当初福建巡抚张学圣无故攻打我，我不得不防卫，现在已经骑虎难下。"

郑成功这句话讲得非常有弹性，他把一切的过失，全部推到地方官张学圣的头上。因为当初张学圣等偷袭厦门，把郑成功的家财全部抢走。清政府认为既然如此，那么以后许多话就很好说了。清政府开始一厢情愿地大封郑成功父兄子弟：郑芝龙为同安侯，郑成功为海澄公，郑鸿逵为奉化伯，郑芝豹为左都督。

清政府认为这是一个很好的开始，或许能够改善双方的关系。清政府还把地方官痛责一顿，认为他们为了贪图自己的利益，竟然去抢夺郑成功的财产，实为错误之举，于是向郑成功保证，将严惩这些有罪的官吏们，只要郑成功一答应投降，马上就撤回大军，把沿海附近居民的治安，都交给郑成功来负责。

从这些话来看，清政府的姿态简直就是向郑成功摇尾乞和了。他们也知道，郑成功是一位非常有骨气的人，绝对不会就这么轻易地答应的，因此也放出一句狠话："你的父亲兄弟都在我的手上，如果你不能把握住这个千载难逢的好机会，你也应该想到，将会有什么样的结局！"

这句话虽然说得很婉转，但却是一个非常严厉的警告，告诉郑成功不要敬酒不吃吃罚酒，如果他真的那样做，可就到了郑芝龙的死期了。

于是清政府趁热打铁，马上叫郑成功的表亲黄征明等人，携带"海澄公印"及"奉化伯印"各一颗，打算交给郑成功。同时顺治皇帝又叫浙江福建总督刘清泰选派干练人员，把这件事情办妥。由此看出，清政府对与郑成功和议的事，是全力以赴。

另一方面，又命郑芝龙叫人捎信给郑成功，投石问路，打听一下郑成功的意向。聪明的郑成功怎能不知道清政府的"良苦用心"啊！如果他完全拒绝，那等于是鸡蛋碰石头，对他有害无利；如果完全接受，那也不是他的本意。于是他决定给清政府一个悬在崖边的希望，让他们进也不是，退也不是，然后再由情形决定郑家军未来的行动。

郑成功接到父亲的信后，也给父亲回了一封信，大意是这样的："我们父子一别到现在已经八年了。既然父亲不能认我为儿子，我也不敢以儿子自居。我从小读《春秋》，深晓《春秋》的大义严明，希望将来能够身体力行。自从父亲不听我的劝告，一定要投降清政府，我那时就有了移孝作忠的打算。现在清政府既然让你失望，我又怎么能够相信他们的花言巧语呢？他们当初答应你的高官厚禄，现在怎么一样都没有实现呢？八年都已过去，不要提高官，也不要提厚禄，即使是您想回一趟故乡，您能随心所欲吗？恐怕连这一点的自由都没有了吧！您过去在隆武朝深受器重，军政大权集于一身，可以说是呼风唤雨，威风八面。

清政府的将领，趁我南下救王之时，像强盗一样地把我家所有的财产掠夺一空，其余将士和老百姓的损失也不计其数。对这件事情，我现在依然非常的愤怒，因此我才发动了几次战争，并且狠狠地教训了清军一番。今天清廷要来招降我，但是他们的言语前后有不少的矛盾。

清政府说以后沿海一带将由我管辖，事实上，现在的海权不就已经掌握在我的手里吗？我现在还有外国援兵的帮助，北起日本，南到柬埔寨，都愿意助我共行复国大业。如果投降了清廷，我不是把自己置身于浅水，任由他们来戏弄我吗？我何必自取其辱呢？当初清政府曾以荣华富贵来引诱您，您相信了，如今又是怎么样的情况呢？您既然已经走错了一步，怎么能让我再重蹈覆辙呢？我曾受隆武帝厚恩，赐姓赐名，对于皇上的恩德，我是一生一世都不会忘记的。至于功名利禄，对我如浮云。我更不会为了空名，而惹来一生的祸患。”

郑成功这封信，表现了他的远见卓识，绝对不相信清政府的假意哄骗。他的心像金石一样的坚固，坚守自己的立场，无论在任何艰难的情形下，依然是威武不屈。

郑芝龙看到郑成功的信后，知道自己很难说服儿子与清朝议和，因此只好向清政府报告，他已经尽力了，无奈郑成功这个孩子太顽固，使他一点办法都没有。这时的清政府可以说是很没面子，使得自己进退两难，真不知道该如何下台才好。经过半个多月的商量，朝廷又掀起了主战派和主和派的争执，最后还是主和派胜利。于是，清政府再次摆出一副低姿态，希望还能继续和谈。

这次，清政府又透露了一个消息，愿意把泉州、漳州、惠州、潮州都让给郑成功管辖，只希望他能接受清政府的和谈。清政府认为，郑成功所以迟迟不肯接受，也许是他的胃口大，希望能够讨价还价，要得更多一点。但是清政府愿意用高的代价，来收买郑成功人心的做法，完全小看了郑成功，错估了郑成功的人格。

郑成功虽然是郑芝龙的儿子，可是他的个性和他的父亲完全相反。如果说清政府提出这个条件的对象是郑芝龙，那他找对人了，郑芝龙早就答应了。现在的郑成功，可不是用财物诱惑能招抚得了的。俗语说"人到无求品自高"。老子也说"不争，则人莫能与之争"。像郑成功这样一位大英雄，他对清政府根本无所求，而一心一意地只是想打败清政府，恢复大明王朝。

这时清政府又让郑芝龙实行苦肉计，派家人李德到厦门见郑成功，讲了不少其家人在京城受苦的情形，希望能打动郑成功的心，接受招抚。郑成功为了应付这个局面，就派常寿宁和郑其逢到福州去谈判。

在常寿宁和郑其逢临走的时候，郑成功又再三地交代说："和议事情的原则，我已经跟你们讲清楚了，至于怎么样应付清政府，你们可以见机行事。但是一定要做到不卑不亢，能答应的，或不能答应的，都交给你们自己做主。切记不能辱没了使命！"

常寿宁和郑其逢到达福州后，与清政府官员进行了商谈。二人为了争取名分，不卑不亢，与清官一直争执不下，最后双方不欢而散。

常寿宁和郑其逢回来之后，告诉郑成功他们为了争取名分，和清政府争执不下，因此就回来了。郑成功点点头，赞许他们的做法，因为名不正则言不顺，言不顺则事不成。虽然这次没有达成和议，但是郑成功还是嘉许他们两位"不辱使命"。

后来，郑成功又和清政府的使臣见了面。清政府的使臣把大印交给郑成功，郑成功没有打开，也没有说任何话，显得一副高深莫测的样子。

那天，郑成功还请清政府的使臣们吃了一顿饭，要了一套太极拳的把戏，像没事人似的，净说些不相干的事情。这样又过了两三天，郑成功依然和清政府的使节在打太极拳，根本就没有提过和谈的事情。这时清政府的使节再也按捺不住了，他们向郑成功说："我们马上就要回京复命，希望你能把你的意思告知我们一下。"

郑成功这才慢吞吞地说："我的军队实在太多，即使给我好几个省，恐怕也没有地方安排啊。"清政府使者听了这话，心里凉了半截，可是也不知该如何回复。他们知道郑成功并没有拒绝和谈，只是胃口太大，是存心和清政府过不去。这时郑成功把印信退还给了清政府的使节，对方不敢有任何表示，只好收下。又过了两天，郑成功仍然没有什么表示，使者只好带着失望的心情，匆匆地回京复命了。这次的和谈，就这么不欢而散了。

由这件事来看，郑成功不但有军事上的才华，而且在外交上也是一个非常了不起的人物。他懂得如何利用外交为己方取得最大的利益，而清廷则是"哑巴吃黄连，有苦说不出"。

郑成功利用清政府使节北上的时间再到福建去筹款，并购买了一些造船的木料。他想利用和谈的机会，来壮大自己的势力。

他很婉转地对刘清泰说："我现在正在和清政府谈和，你们总不能让我饿着肚子谈呀，应该让我来这边筹些粮食，免得我的军队都饿得没饭吃。"刘清泰既然听他说有谈和的诚意，也一声不敢吭，免得到时候又两面不讨好。刘清泰写了一封苦苦哀求的信，希望郑成功能够早作决定，进行谈和。接着他又吐了一些苦水，表示自己尽力促成谈和，并不是为了贪图立功，只是希望自己能够平安无事罢了。

郑成功接到刘清泰这封信后，把信放置起来，过了两三个月都没有回信。在这段日子里，刘清泰的日子可是不好过。他每天都在等待郑成功的答复，但又摸不透郑成功会不会答应和谈。郑成功的态度，一直是东边日出西边雨，既不回信，也不明确拒绝。

到了五月，郑成功才回复清政府，要求必须给他三个省，他才愿意谈和。他明知这个条件，将会使清廷感到为难，但是他需要的并不是高官厚禄，而是想拖延时间，然后好达到养精蓄锐、重新部署的目的。

这时郑成功和另一名将领张名振，堂而皇之地沿长江而下，祭拜明思宗皇帝。刘清泰看了，大为着急，他害怕将来又惹下祸事，不但丢了乌纱帽不说，恐怕还会累及全家老小。因此飞报朝廷，希望谨慎提防，最好是使用武力，一举予以歼灭。

清廷反而犹豫不决，深恐影响到和谈。清政府既然没有反应，刘清泰又怕得罪了郑成功，于是赶忙写信给他，信的大意是："古语都说，忠臣出自孝子之门。你就是不考虑你自身，也应该顾念你日益年老的父亲和风烛残年中的祖母。你难道愿意看着他们每天都寝食难安吗？你说如果不答应你的条件，你就不会和我们议和，就算答应给你三个省，你也未必肯舍弃明室而效忠我大清吧。请你仔细斟酌，因为你的决定，关系着你全家人的安全。"

刘清泰倒是把郑成功的意图看得一清二楚。他知道这只是郑成功的手段，而不是他最后的目的。尽管他心里明白，但不得不在表面上仍然百般迁就。由此可见在和议中，郑成功一直居于上风，而清政府则处处受其摆布。

永历八年（1654 年），清政府从刘清泰的报告中，知道郑成功已经明白地表示要有三省才愿谈和，于是就开始了一连串的会议。当时，清廷的主战派和主和派可以说是旗鼓相当，最后折中的办法，就是恩威并济，边打边谈。

一方面派遣大军，准备攻打厦门；另一方面，又派使者和郑成功继续谈和。如果软的不成就来硬的。这时，郑芝龙开始着急了，他马上要求清政府，再派郑成功的弟弟郑世忠南下，希望郑成功能念手足之情而接受和议。

在这个紧要关头，决战还是议和，实在到了郑成功必须慎重选择的时候。在福建海岸，已经集结了清政府的许多大军，战云密布，风雨欲来。

这时清政府希望郑成功派人到福州谈判。郑功成坚持不肯派人过去，他写了一封信，让清政府屈尊到他的地盘来商谈议和之事。

这次会谈双方都带了不少人马，彼此提防，气氛显得非常紧张。清政府方面的使节是叶成格，他来到郑成功的地盘，难免会有些提心吊胆。

和谈时的气氛很不融洽，清廷一定要郑成功剃掉头发，像满洲男人一样留辫子。这一点，郑成功绝对不肯接受，但是清廷非常坚持，要他这样做才表示投降的决心。最后双方不欢而散，这次的谈判再次没有结果。

叶成格走了之后，郑成功写了一封信给他，语意非常的客气，使叶成格看了也无可奈何。他知道郑成功毫无和谈的诚意，但是却处理得十分圆滑，真是刀切豆腐两面光。叶成格立即提笔写了一封回信给郑成功，他知道郑成功一再地拖延，毫无和谈的诚意，因此他限定郑成功一定要在二十五日以前有一个决定性的答复，而且必须剃掉头发，以示决心。

到二十四日，郑成功一直没有答复。清廷又再次命令郑世忠向郑成功恳求，但是郑成功不愿意答应清政府的要求，只好拖延时间，要求清政府再派叶成格到安平来谈判。这时候，清廷有点恼羞成怒了，决定不再派使者前来。

当时清政府使团临走时，郑成功托表兄黄征明给父亲郑芝龙捎去一封书信，信函的内容大意如下：

"这次清政府派使者谈和，带了父亲的信，我看到后又惊又喜又害怕。当初清政府愿意给我泉州、漳州、惠州、潮州这四府的地方，让我安排人员，可是，我这里兵将众多，投降之后当然要为部下的出路安排，因此我希望能有比四府更多的地方好安排他们。但是清政府答应我的，一时都无法做到，反而要我先剃发，以表示决心。我当然不可能做这么糊涂的事情，因此，我也没有办法答应这样的要求。如果清政府能够答应照我的意思做，那么我就愿意接受招抚。如果他没有办法答应我的要求，那么，一切免谈！

这次清政府的使者和我相见，我请他住在报恩寺，他却不敢住，反而带了许多兵马，显然对我心存猜忌。

如果他是堂堂正正地来，就不应该对我疑神疑鬼，他这样我当然也会对他感到怀疑。我曾和他约定下次和谈的时间，但是他却拒绝了。他们忽然而来，又忽然而去，究竟是为了什么，真令人不解！

现在清政府的条件就是要我剃发。如果我不答应，和议就不能达成。我认为清政府这样做，简直是欺人太甚，毫无和谈的诚意。如今百姓困苦，我的将士又这么多，对我而言，最重要的事情就是如果我投降之后，官兵应该如何安排，他们每人每月能够拿到多少俸禄。但是清政府却一味地要我剃发，而不愿意将我提出的问题仔细讨论。我认为清政府这次派来的大使叶成格等人都很浮躁，因此我们的和谈没有办法顺利地进行。另外，他动不动就拿我父亲兄弟的性命要挟。谈判刚开始，他就如此对待我，一旦我投降之后，将会受到怎样的待遇，那可想而知，如何不令我心寒呢！如果我糊里糊涂就答应了这件事，将来免不了会贻笑天下！

过去父亲已经被清朝贝勒骗过一次，现在父亲还能活在人间，倒是我当初没有想到的事。万一将来父亲如果有任何不幸，我只好穿着孝服，替您报仇了！

清政府一再地向我要求和谈，但同时他的大军却随时都在准备攻打我。我实在不得已，只好整军练武，准备和清政府决一死战。"

这虽然是郑成功写给父亲的家书，但他心里明白，这封信清政府一定会看到的。他一方面把自己的处境解释给父亲听，希望父亲能够体谅他的苦衷；另一方面，他把和谈失败的事完全归咎于清政府使者。从言辞中还给清政府留下了一丝希望，仍然表示他是有心谈和，只是对方派出的使者所用的手段不当罢了。

在这年的十一月，漳州协守刘国轩献城投降，使郑成功得到漳州一带的地方，还获得了百万两的银子，这对郑成功的府库来说是一笔很大的收入。

郑芝龙接到了成功的信非常失望。他把这封信交给了清政府，清政府看到这封信后，一些亲王和大臣们又讨论了几天，他们的结论是："本朝多次给予郑成功很好的机会，可是他却一味地敷衍，根本就没有和谈的诚意。现在该是用武力对付他的时候了。"清朝皇帝听了这些人的意见，也感到无可奈何，于是命世子济度为定远大将军，率领满州大军攻打福建。清政府与郑成功的和平议和结束了，接下来就是兵戎相见的景象了。

反清复明的
高潮时期

把握时机准备北伐

永历八年（1654年），南明朝西宁王李定国与郑成功联系，希望两军能够合作，从东西方向合力进攻广东，然后再沿长江北伐，共谋恢复明室的大业。郑成功同意了，于是派部将林察、周瑞领兵西进，却因诸多原因延误了与李定国的约期。结果导致李定国孤军奋战，最终不敌清军大败而回。李定国本来对与郑成功会师北伐，抱有很大期待，但却因郑成功的军队没有按时到达而误了大事，李定国对此相当失望。李定国和孙可望两人争功，致使在军内发生猜忌和摩擦，加快了西南形势节节败退的情势，东西联军反攻的希望是愈来愈小。当时清政府的兵力仍受西南方面的牵制，东南兵力空虚，而且郑家军在和议期间，整军训练，储备粮食，实力大增，北伐的准备就欠好时机这个"东风"了。

永历八年（1654年）十一月，清军漳州协守刘国轩向郑成功投降，引郑军进入漳州府城。攻下漳州后，郑军分兵进击，拿下同安、南安、惠安、安溪、永春、德化诸县，军队进入兴化地方。

永历九年（1655 年），郑成功将厦门（当时称中左所）改名为思明州，并建造演武亭，以便亲自督察将士操练。同年九月，清军定远大将军和硕郑亲王世子济度率三万大军攻入福建，准备与驻守当地的清军一起准备进攻厦门。郑成功基于当时的形势决定放弃已占领的漳州、泉州两府属邑，并拆毁城墙，让清军没有地方安营扎寨，来消减清军攻击金门、厦门的兵力。同时还派遣军队兵分两路抗击清军，一路北上浙江，一路南下广东，令清军腹背受敌，难以兼顾头尾。北上郑军连战皆捷，攻入舟山；南下郑军虽然攻取揭阳，却遭到清援军击溃，死伤惨重。

后来，守卫海澄的将领黄梧因害怕治军甚严的郑成功处罚自己，于是献出海澄城向清朝投降。郑成功多年来投入了许多人力、物力建造海澄，黄梧的投降无疑给了郑成功一大打击，北征的计划也就因此搁浅了。丧失海澄的打击，远甚于当年厦门被劫，可是却没有摧毁郑成功坚定的决心，他为了补偿海澄的损失，发动了闽安之役。

闽安之役是由郑成功手下的大将甘辉领兵，攻福州，占闽安。他所掠夺的大宗的物资，足以抵偿丧失海澄的损失。此外又发动一连串的攻势，主要的目的还是在掠取军粮，厚植实力。

一直以来，清政府对郑成功都头痛不已，和也不成，战也不成，因此，清政府下令东南沿海一带，禁止船只私自出海。同时，清政府还采用挑拨离间的手法，招降了郑成功的许多部将，这些人包括曾经从清政府投降郑成功军下的黄梧、苏明、王士元等人。他们为什么会背叛郑成功呢？

永历十年（1656年），在一次和清军的战争中，苏茂和黄梧指挥的军队被清兵击败，当时伤亡重大，损失了五千多人。再加上苏茂曾经藏匿施琅，让他成功渡海逃走，之后施琅还降清了，这件事让郑成功一直耿耿于怀。虽然当时苏茂是念在和施琅的感情，所以藏匿施琅，并且偷偷地送他到大陆，而且苏茂也很忠心于郑成功，事后立刻来自首。在内心纠结了一番后，郑成功还是认为苏茂论罪该斩，黄梧也因此受罚。当时有许多将领却认为郑成功不应该把苏茂杀了，都为苏茂感到不平。清政府就利用了这些原因，在郑军将领之间挑拨是非。因此，那些心有不平的将领转而投向清政府。

黄梧投降清朝后，就根据自己对郑家军的了解向清政府提出了"平贼五策"。

第一策，黄梧认为郑成功以金门、厦门两个小岛为根据地，却能维持那么久而且曾好几次打败清军。主要的原因，就是他的一切资源都能从大陆上得到补给。如果清政府能够从根切断郑家军的补给，他就没有办法再这么顽强了。如果只是单纯的实施海禁，并不能完全断绝郑成功所需的补给。因为沿海的居民仍然会铤而走险，供应他粮食、造船、武器等物资。

要杜绝这个问题最彻底的办法是釜底抽薪，将沿海一带的居民全部往内陆迁，让沿海的村庄空无一人。这样郑成功的军队就只有死路一条，不攻自灭了。在这五条建议中，最值得注意的就是迁界的建议，这是黄梧根据自身经历而总结出来的，他认为这是对付郑成功最厉害的法宝。后来，黄梧也因为他提出的迁界建议，被授为一等公，长期驻留在漳南。

第二策，将沿海所有的船只全部烧毁，连一块木板都不留下。派兵看守海岸，禁止任何人越界。这样用不了半年，郑成功的船只就没有办法补修，他又得不到原料，自然就会逐渐腐朽不能使用。实施这两策后，郑成功的军队要粮没有粮，要船没有船，不管郑家军人数再多、战斗力再强，郑成功多有谋略，都会使他们的军队瓦解。

第三策，尽快搜寻郑成功设在内陆各处的间谍网，正是由于这些严密的间谍网他才能得到最新最快的消息。在查处以后要严格处罚，使他的耳目不敢向他传递消息，这样就截断了郑成功的军情来源。

第四策，把郑成功家里的祖坟全部挖掘，这比杀他全家还要令他痛心。

第五策，在瓦解郑家军的力量之后，一定要把他们分别移往各省去开垦荒地，决不能让他们聚集在一起，这样才可以永绝后患。

黄梧的"平贼五策"环环相扣，且每个都是郑成功的军队所面临的弱点。施琅对此也大表赞同，希望清政府能够采纳。

除了这五条建议外，黄梧还向清政府报告了郑成功的另一特长，就是在作战时善于挖掘隧道。

黄梧降清后，有一次郑成功派兵来攻打清军，使用的就是隧道战。由于不知道防不胜防的郑家军又会耍什么计谋，清军人人自危。他们手足无措的样子令黄梧暗自感谢好笑。黄梧故作担忧地询问谁有办法对付神出鬼没的郑家军。清将一个个抓耳挠腮，面面相觑，无人回答。

黄梧环视众人一圈，慢慢地说道："这有什么难的，我给你们出个主意。"他下令让每户百姓把他们大大小小的盆子盛满水放在外面。然后派士兵日夜轮班注视盆中水的动静。到了第三天，果然有手下来报，他驻守的附近盆里的水微微震动。黄梧立刻推测出那里的隧道已经快挖通了。于是连忙下令用火药去炸，隧道中所有的郑家军都被炸死在洞里。由这些可以看出，真正踩到了郑成功痛处的是他手下的叛将。

平贼五策中最致命的还是断绝郑成功的粮食补给。因为郑成功缺少广大肥沃的土地来种植粮食，没有粮食就难以养活庞大的军队，更无法支持他长期与清朝的抗战。在先天不足的经济条件下，唯有使尽各种手段来获取粮食。郑成功从永历元年以金门和厦门为根据地开始，一直到永历十三年（1659年）率军北伐为止，他的活动范围都是在浙江、福建、广东三省的沿海地区。在这么狭小的海岸平原上，养活近十万的郑家军是非常困难的。

掌管郑家军财政的杨英曾记录过，郑成功有多次的军事行动，都是为了夺取粮食才发动的。因为郑成功的粮饷大都是由杨英经手，因此他描写得最为清楚。从他的记载上看，郑成功为取得粮食而发动的战争，从永历三年（1649年）算起到永历十五年（1661年），在这十三年之中一共发动了四十四次之多，可以说是相当的惊人！

这种缺粮的情形，一直到占领台湾后才获得解决。郑成功在台湾力行屯田制度，从到处掠取，演变成自给自足的局面。

在郑家军和清政府的战争中，清政府以陆上的胜利为多，而郑军则以海上的胜利为主。由于清政府没有办法完全消灭郑成功在海上的势力，于是想出防堵的办法。

福建、广东沿海一带丘陵起伏，从陆地向海上运输粮食就一定要派兵接应，这是一件十分困难的事。但是郑成功却像是进入无人之境，来去自如，这使清政府的军队感到防不胜防，根本无法阻止。因此清政府的防堵政策只好宣布失败。

防堵这个办法失败后，清政府便采用了黄语提出的海禁之策。对此，清政府制定严格的惩罚措施。若是被查到与郑成功私自贸易，为官的则一律革职，绝不宽假；百姓看，不管是自己与郑军买卖物品还是藏匿来买物品的郑家军，一经发现，一律处死。海禁的范围包括：天津、山东、江苏、浙江、福建、广东等。

如此严重的刑法，使得那些地方的官员个个提心吊胆，不敢疏忽大意。这些地方官为了防止百姓偷偷出海，绞尽脑汁想尽各种方法，比如筑坝、围栅栏等。哪怕有一条船出现在海上，他们都会心惊胆战。

海禁实施后曾在一段时间达到了不错的效果，但是并没有维持多久。清政府便下令实行迁界政策。迁界政策是顺治十八年（1661年）六月开始实施的，清政府下令把山东到广东沿海的百姓全部向内陆迁徙，完全断绝郑家军的物资供应，使其弹尽粮绝而死。清政府特意派了兵部尚书纳海到福建去执行这项任务。清政府提出这个政策的理由是为了保障沿海百姓的安全，其实是杜绝他们支援郑成功。

清政府把沿海的居民迁走后，就把所有的村庄、田地都付之一炬，化为一片焦土，确实做到了彻底断绝郑成功的物资供给，但是也是因为这个政策，导致沿海的居民流离失所，怨声载道。这些百姓被迫远离家乡，他们在别的地方一时无以谋生，妻离子散，境况十分悲惨。

清政府为了加强海防，耗费了大量的人力物力，在海岸处每隔一段距离就设置炮台和瞭望台，可谓用心良苦。

永历十年（1656年）十二月，郑芝龙又再劝郑成功投降，被他义正词严地修书拒绝了。十二月二十九日，甘辉将清政府大将阿格商在护国岭杀死了，取得护国岭大捷。

永历十一年（1657年）四月，郑成功召集文武百官，共同商议北征的计划，最后决定进军长江，希望先光复南京。同时修书给驻守西南的孙可望和李定国，希望他们能够捐弃前嫌，同心合力，共同致力于光复明室的大业。

七月，郑成功再度举兵北征，起初非常顺利，占领了仙居、海门等地。由于福建提督李率泰得知郑成功把主力带去北征，使得闽安兵力空虚，于是在他的指挥下夺取闽安，等到郑成功发觉想要领兵回援的时候已经来不及了。郑成功不得不草草结束这场战役。

郑成功并没有灰心，他积极地命部下整备船只、武器和粮食，为再次北上做准备。永历十二年（1658年）七月郑成功命部下带领军队前往舟山驻扎。没想到在羊山遭遇飓风，导致船只、粮食损失严重，部下劝郑成功返回厦门，郑成功不愿无功而返，便命军队驶往舟山去修补船只、整顿军队和补充给养。

传说，在羊山的山上盘踞着一条巨龙，如果有船只经过一定要杀羊来祭拜，才能平安无事地通过。杀了一只羊之后，还要放很多羊在山上用来供奉，久而久之，羊就愈来愈多，因此这个岛就被称为"羊山岛"。

之后，郑成功与部下详细商议之后，定下北伐南京的计划。半年之后，挥师北进，派大将黄廷、洪旭、郑泰分别留守金门、厦门。

北伐大军的前锋，就是陈魁统领的郑家军的精锐之兵——铁人军。他们都是经过千挑百选、智勇双全的勇士，一共有八千名。全身披戴有朱碧花纹的铁甲，只露出一双眼睛。站在队伍的最前面，手执大刀，专门砍敌军骑兵的马腿。

除铁人军之外，还有海军、步兵、骑兵各五万，以及甲士十七万。另外还有数万后备兵力，船只有八千艘。

北伐四大战役

永历十三年（1659年）五月十三日，郑成功率领大军北征。当时清政府的兵力，全部调往西南抗击李定国等明军。在东南一带，清军兵力非常空虚，郑成功认为北伐的时机到来了。如果能够占领长江一带，将来和李定国东西联合，光复明室将有更大的把握。

永历十三年（1659年），李定国在西南战线节节失利，最后只好渡过大金沙江，退到缅甸境内。在缅甸的赫碣，草草搭了十几间草屋，这就是永历帝的"宫殿"了。郑成功得知永历帝落魄的境况后异常悲痛，堂堂大明皇裔竟然到了结草为庐的地步。他满怀悲愤地写下了这首诗：

> 闻道吾皇赋式微，
>
> 哀哀二子首阳薇，
>
> 频年海岛无稍息，
>
> 四顾苍茫泪自挥。

五月初四，郑成功率领大军直入长江。大将张煌言曾建议郑成功先攻下崇明岛，因为崇明岛是一个海岛，位于长江口，是由江入海的据点。一旦攻下这个地方，就可以做为郑家军的大本营。许多将士都认为这个建议很好，因为占据崇明岛后，就可以在那里存储各项物资，这样要比从金门和厦门运来方便得多。

崇明岛地势险峻，易守难攻，想要攻破就需要大量的时间。郑成功不愿意为了攻打崇明岛而耗费太多的时间和精力。他想先攻打瓜州，因为瓜州是南京的门户，如果能够攻下瓜州，那么崇明岛也就不攻自破了。

六月十四日，郑成功气势昂扬地率领大军逼近瓜州。瓜州是南京的门户，也是进入长江的门户。清政府非常重视瓜州的战略地位，早已制定了严密的军事战略，企图拦阻郑家军，使他们不能顺利进入长江。

清军原本制订的作战计划，是先以"滚江龙"暂时将郑成功船队拦阻在长江外，这时安置在各"木城"的西洋大炮，全面发动火力攻向郑家军。因为郑家军的船队庞大，难以及时撤退，一定会被炸得"片甲不存"，正好一举歼灭郑成功的力量。

郑成功勘察过地形后，心情十分沉重，但并没有阻止他取得胜利的决心。当时他作了这样一首诗：

旭日东升万壑明。

高林秋爽气纵横。

千峰无语闲云过，

瀑布湍飞系我情。

　　两军交战时，清军先是率领满汉骑兵一万余人与郑家军在陆地作战。郑家军的张亮，趁清军不备率领部下游过长江。在战争刚刚打响的时候，就把清军在长江的防御工事"滚江龙"给破坏了。"滚江龙"就是清政府花费百万两银子，用巨大的木头，在镇江与瓜州之间宽有十里的江面上建了一个很长的坝，这个坝上可以骑马。清政府是用它来截断江水，阻断郑家军的船队进入长江。障碍一除，郑家军的船队，就浩浩荡荡地进入了长江口。

　　郑家军进入长江后，大将张煌言夺下清军设置的三座"木城"。"木城"是清军利用砍伐下来的杉树围成木栅，在里面留有五百名士兵，四十门大炮，只要有船经过就开炮攻击。结果，清军还没来得及开炮，就被郑家军攻破了。

　　这一次的成败关系极为重大，直接影响之后的一系列战役。郑成功身先士卒，部将们也以一当十，使瓜州一役大获全胜。

　　胜利之后，郑成功严令部下，不得惊扰当地百姓，要百姓们照常生活。

　　瓜州之役，旗开得胜，使郑家军军心大振，斗志高昂。

郑成功在欣喜之余，提笔赋诗道：

　　京口瓜州指顾问，

　　春风几度到钟山。

　　迷离绿遍江南地，

　　千里怀人去不还。

　　瓜州之役，清军猛烈的炮火，足以使郑家军粉身碎骨。但是忠勇的战士不惧艰险，摧毁了"滚江龙"以及坚固的木城，终于获得胜利。

　　镇江在长江下游的南岸，是一个非常重要的军事据点，战略地位比瓜州更加重要。郑家军攻下瓜州后，郑成功想以

郑成功铜像

胜利的高昂士气直取镇江。他认为因为用兵最重要的就是速战速决，必须挟胜利之余威，趁敌人来不及防备之时进攻镇江，一鼓作气把镇江城拿下来。于是就向张煌言询问他对这个决定有何看法。

张煌言的看法是，清军虽然在瓜州战败，但是并没有伤到清军力量的根本，他们只是暂退到芜湖。清军极可能会趁郑家军不备，从半路突击出来。最好的办法是，把军队分成两路。先派海军去消灭清政府在芜湖的海军力量。另派一支军队进攻镇江，这样就不会在中途遭受突击，免去后顾之忧。

郑成功很赞同张煌言的战略。决定按照他的建议，先派他率领海军，进攻芜湖。六月十八日，郑成功调集大军，准备第二天进攻镇江。清政府增派了万余人支援把守镇江的清军，郑家军也浩浩荡荡地到来了。双方面对面对峙了3天，都还没有发动攻击。郑成功仔细地勘察当地的形势，然后指挥自己的军队驻扎在银山。

二十二日黎明，清军分成五路像海水一般向驻扎在银山的郑家军冲来，镇江之役由此拉开了序幕。

当时郑成功的兵力与清军的比例是一比四。当清军第一路军队冲上来的时候，郑成功命令将士全部按兵不动。等清军快要冲到郑成功的军队前，只听他一声令下，手拿盾牌的铁人军立刻冲了出来，两个人躲在一个盾牌后面，他们一人砍马，一人砍人，使得清军连人带马滚到山坡之下。清军受挫后放慢了前进的速度，站在队伍后面的清军都拉满了弓，一时之间箭如雨下。但郑家军面不改色，奋勇向前、以一当十，顿时尸横遍野，而且清军在败退时互相践踏，死伤之数无法估计，终于使敌人溃不成军，纷纷逃命而去。郑家军在战场上缴获了不少的马匹、武器、盔甲等。

郑家军在这次战役中，用了一种特殊的战法，叫做"挥白旗"。这种战法就是，在两军交战一段时间后，郑军中突然出现一个用力挥白旗的人，当战士们看到白旗挥舞，就连忙分成两路后退。假如来不及后退的，就干脆伏倒在地上。郑家军的这些突如其来的动作，把清军搞得莫名其妙。根据这些动作，清军就会认为郑家军害怕畏战了，想要逃跑。这时清军就马上冲过来，当他们的人马冲到郑军的阵容前时，郑家军突然发炮轰击，这样一下就能打死几千名清军。

郑家军在银山大获全胜后，郑成功就下令围城，并向镇江招降，镇江的守城官员急忙跑到银山去向郑成功投降。

镇江之役，神勇的铁人军充分发挥了先锋的作用；将领周全斌虽然身负重伤，却仍坚持挥兵前进。正是因为这些奋勇抗敌的兵将们，才又一次夺得了战争的胜利。

六月十六日，郑家军攻下瓜州、镇江之后，就在焦山祭告天地，痛哭太祖、崇祯、隆武皇帝。这时三军痛哭誓师，声闻数里，场面非常感人。郑成功写了如下一首诗：

缟素临江誓灭胡，

雄师十万气吞吴。

试看天堑投鞭渡，

不信中原不姓朱。

瓜州之役、镇江之役大捷后，郑成功召开军事会议商讨攻取南京的战略。将领们纷纷发表自己的看法。参军潘庚钟的看法是，现在已经攻下了南京的门户瓜州，暂时不必急于进攻南京，应该先在瓜州收拢民心。对南京可以先采用间谍战，这样会比直接进行武力战斗要好，还可以减少损失。

另一参军甘辉对潘庚钟的意见深表赞同，他又补充到，现在控制了瓜州，正好控制住南北的咽喉，使山东的清军不能直接南下支援，而浙江方面的清军也不能直接北上，这样南京就不攻而破了。

冯澄世也接着说出自己的想法，长江以南地域广大，要直接以武力攻下许多城池并不容易。现在已经攻下了这个关键的地方，可以阻挡清政府南北的交通和粮食的运给。同时，我们尽最大可能招揽民心，再同李定国联系两军联合进军，这才是万全之策。

南京是郑成功少年时在此游学的地方，也是明朝旧首都，是郑成功光复明室的关键点。南京不但是郑成功北征的高潮，也是郑成功反清复明的一个顶点。正是因为南京在郑成功的心中有着非凡的意义，所以他不肯采纳部下们的意见，认为兵贵神速，要直取南京。

于是，郑成功再度召开军事会议，商讨用何种办法进攻南京。甘辉认为既要速战速决，就应该趁着士气正旺、敌军还在战败中没缓过劲的情况下日夜兼程，攻取南京。但这个季节正值逆风，如果走水路到南京，一定会浪费很多时间。这样清军会有充分的时间准备，胜利的把握就减小了，因此由陆路到南京比较稳妥。

但是，有些将领和郑成功并不同意甘辉的看法。他们认为当时正值酷暑，陆路行军会使身着厚重盔甲的士兵疲惫不堪，而且又是梅雨季节，道路泥泞很难行走，还是乘船去较为妥当。

郑成功的大军就浩浩荡荡地向南京进发了。快到南京时，郑成功听到一个非常振奋的消息。原来郑家军之前在瓜州之役和镇江之役所表现出的勇猛，使守卫南京的清军十分害怕。在郑家军还没有到达南京以前，他们已经有了怯战的心理。

郑成功派手下把招降信系在箭上，射到南京城中。信上的大意是说，希望他们能够主动投降，免得两军相抗造成重大伤亡。

南京城的提督管效忠看完郑成功的信，就和他的部下们商讨该如何对付郑家军。他的部下认为郑家军的确很厉害，而且郑成功本人又足智多谋，现在前来支援的大军还没有到达，应以智取而不以力敌。管效忠又请教了江南总督郎廷佐对付郑成功的办法，郎廷佐给他出了个主意。

管效忠就将计就计，回信给郑成功，信的大意是："按照目前的形势，我确实是愿意投降的。但是朝廷有一个规定，凡是敌人攻城，必须坚守一个月。如果不能坚守一个月，那么战败之罪就会连累父母亲族。现在我的家人都在北京，希望你能给我一个月的限期，到时候我一定会开门投降的。"

参军潘庚钟认为分明是管效忠的缓兵之计，目的是想拖延时间，等待援兵。他之前去勘察南京城的虚实，发现里面根本就没有什么军队，如果现在立刻攻击，可以一战即胜。现在这一定是郎廷佐知道南京城兵力单薄，所以才想出来的诡计。因此力劝郑成功万万不可答应。

郑成功却自信地认为，清军对郑家军的威力心有余悸，一定不敢打什么歪主意。而且清廷也确实是有这个规定，让他不必太多疑。

潘庚钟看到郑成功毫不怀疑的样子，心里非常着急。他不明白素来足智多谋的郑成功，竟然相信管效忠这种人的胡言乱语。攻下南京城，一直是郑家军多年来的目标，如今成功唾手可得，难道要因为这明显的诈降而失败吗。他再次劝说郑成功，兵法上不是一再强调，凡是喜欢说可怜话的敌人一定是有目的的。既然愿意投降了就会立即投降，哪里有等待投降的说法呢？显然他不是真心求和，而是要等待援军的到来啊，请您千万不要上当。其他部将也都表示，多延迟一天，就多一分不利，要速战速决，绝对不能再拖延下去。

不管部下怎么苦苦相劝，郑成功始终听不进去，仍然坚持他自己的看法："兵法也说，攻城为下，攻心为上。现在他既然已答应了要投降，我们也应该遵守约定。如果是他不守约，那么错在他，我们再攻城也不迟，而且明太祖的陵墓在南京，我怎么能够随便攻打呢？"

聪明一世的郑成功这次却刚愎自用，彻底落入了南京提督管效忠的陷阱。

这个计谋确实很厉害，就连聪明过人的郑成功都被他骗过了，郑成功真的相信了他的话，没有马上攻打，给予清军从容部署的机会。

在这期间，有许多地方都响应郑成功的号召，也有好几个县城纷纷投效。郑成功对这种情况非常满意，更加认为自己的决定是正确的。然而清政府看到这个情况后，派到南京的援军愈来愈多，防守南京的力量更加坚固了。

这时，江南提督郎廷佐又想到一个主意。他下令将南京城外十里左右的居民，全部迁入城内，所留物品全部烧毁，不给郑家军留下补给物资。同时又命令手下士兵穿着百姓的衣服，打扮成小商贩，与停靠在江边的郑家军做生意，暗中观察他们的动静，这也是向郑成功学来的"间谍战"。

郎廷佐又命令一小队人马主动地发动了一次小规模的战争，故意让郑家军获得胜利。渐渐地，郑家军的士兵们开始志得意满，使他们感到攻下南京简直是探囊取物，轻而易举。因此他们的斗志愈来愈松懈了。

看到这种情况，甘辉焦急地劝说郑成功，作战贵在速战速决，倘若拖延太久，军心就会松懈甚至于瓦解。现在我们的将士都开始骄矜起来，如果大意轻敌，攻取南京就危险了。

不如趁这段时间攻打其他的地方，以激励军士们的斗志。郑成功仍然不听劝告，他认为现在是在养精蓄锐，等待接收南京城。

长期与郑家军作战，清军已经摸透了他们的作战方法。当援军一到，管效忠就开始率领大军反攻郑家军，他们采用侧面突击的战术，使郑家军所用的战术失效了。大将甘辉和林胜等人一致劝告郑成功，暂时由观昔门撤退，以后再见机行事。郑成功再一次没有听从他们的劝告，一定要将所有的兵力投入战斗，和清政府决一死战。

虽然郑家军英勇抗敌；将领甘辉身负重伤，仍然没有停止和敌人拼斗，最后被俘壮烈牺牲；大将林胜和陈魁则战死在观音山下，另一名大将万礼也被清军俘虏；但是这些都扭转不了战争的局势。南京之役，郑成功彻底失败了。

在郑家军与清军的许多次战役中，郑家军的将士们即使遇到挫败，也绝不逃跑。这么一支忠诚勇敢的军队就连管效忠看了也深为感动。他感叹地说："我经过的战役不知道有多少次，但是从来没有看过这样壮烈的战役！"

后人对这件事感到非常惋惜。当郑成功进军南京的时候，清朝派军南下支援的军队还没有到达，如果立即进攻，很可能获得全面性的胜利。

郑成功因没听从部下的劝告，导致军队伤亡惨重，南京之役彻底失败后，他想要举剑自刎，被手下劝阻了。他只好含悲忍泪，继续开创明日的道路。

在南京一役失败后，郑成功只好率领残余的郑家军退回镇江。当时很多大将都已阵亡，很多士兵在撤退中不知所踪，于是郑成功就重新整编军队，招揽兵员递补缺额。

这时，正领兵占据长江上游几省的张煌言，派了一个和尚偷偷地给郑成功送了一封信。劝他不要灰心丧气，因为天下人心思汉。当务之急是招兵买马，整编军队，以便日后反攻。郑成功想起张煌言曾劝他先攻下崇明岛，作为军事大本营再攻取南京。如果当时攻下崇明岛，或许还可以成为再度北伐的跳板。

郑成功把这个想法和部下们说了，他们认为这个建议依然可行，因此就决定进军崇明。当初郑成功不同意先攻打崇明，就是因为这里易守难攻。果然，这次攻打一直就不顺利。

郑成功的手下大将韩英身先士卒，只见他迅速登上云梯，爬上城墙，不料左腿被敌人打伤，从城墙上跌落下来。另一名大将王起俸也身负重伤，将士们仍奋力攻城。崇明的清军守将梁化凤死守崇明城，郑家军拼命猛攻很长时间还是攻不下来。韩英和王起俸的伤势一直没有好转，就相继去世了。

郑成功眼看情势不妙，就听从将领周全斌的劝告，率郑家军先返回厦门基地再作打算。郑成功虽然在南京之役遭到惨败，但是他的兵力还很强盛，仍是清军很大的威胁。这一次的崇明之役，郑成功主要的目的就是要告诉清政府，郑家军不会因为南京的失败而丧气，他们的斗志依然高昂。

当时南方的人民对郑成功的北伐都寄予很大的希望，许多人纷纷投到郑家军中。自从南京一战惨败后，瓜州和镇江也弃守了。北伐的胜利成果全部瓦解，使得江南的百姓大为失望。

声势浩大的北伐就这样以失败而告终了，究其失败原因有这几方面：

首先是由于郑成功治军过严等一些原因导致部下降清，使清政府更为彻底地了解了郑家军的弱点。

其次是不可预知的天气状况导致的。当郑家军浩大的军队从沿海行船挥师北上中，结果遭遇了羊山风暴。当时还不能解释这种奇怪现象，但是正是这个自然灾害给郑家军带来了严重的损失，不仅船只、粮食被毁，还贻误了战机。郑成功只得暂时停止北伐，补充物资后才重新起身。

还有极其重要的一个原因是，郑家军是一支善于海战的部队。它的优点和缺点，用一句话来概括，就是"制于海也受制于海"。他们的训练方法、生活习惯以及所配属的武器，都是适合于海战的。南京之役却完全是陆上作战，郑成功的军队当然不及清政府的骑兵部队。再加上郑成功没有听从部下的意见，有些急功近利，反而落入敌方的陷阱，丧失了战胜的大好时机。

再一个原因就是当初在西南战场占优势的明将李定国与郑成功商议好相互配合，东西夹攻，但是郑成功却因诸多原因没有及时与李定国联合起来，致使西南情势恶化，节节败退。当郑成功的军队抵达长江之后，清政府已经把西南李定国的势力驱逐到缅甸，这对清军来说解除了后顾之忧。可以抽调大军赶往东南战场，全力对付郑家军。对郑家军来说，这就是一场硬碰硬的战争。这批清军及时支援了南京，彻底扭转了东南的战局，北伐失败了。当初令人兴奋的北征计划，想不到就此落幕。郑成功上表永历帝，希望辞掉廷平郡王的封号，仍然像以前一样，以招讨大将军行事。

驱除荷虏收复台湾

下定决心收复台湾

北伐失败后，郑成功退到厦门，重新修理船只、制造武器、整编军队，想重新组织兵力反攻回去。和郑成功作战了十几年的清军，对他的个性摸得很清楚，断定他还会再度举兵进攻的。因此打算先行下手，彻底地消灭郑成功在厦门的势力。

当年三月，清政府命安南将军达素统率大军，另派施琅、黄梧在浙江、福建、广东沿海集结军队待命。五月十日，清军从漳州和泉州两港出发攻打厦门。郑成功亲自率领将士在海上和清军作战，结果清军惨败，安南将军达素引咎自杀。

自从清政府实行迁界政策以后，郑成功从沿海各地，已经没有办法得到粮食和其他物资了，郑家军出现了严重的物资危机。北伐南京的失败，致使郑家军损失惨重，必须找个根据地休养生息。这时，郑成功想到了父亲年轻时曾经避难到过的一个地方，就是位于福建东南方领土广阔的海岛台湾。台湾在明天启四年（1624 年）被荷兰殖民主义者霸占了。郑成功以前就想把它收复回来，但是一直与清朝作战，根本没有剩余的兵力与荷兰殖民主义者作战。更重要的一点是，郑成功压根对台湾的地形、环境都不了解，不能制定正确的作战方略。但目前的形势对郑成功而言，收复台湾是迫在眉睫了。

恰好这时发生了一件事，让郑成功解决了这个难题。当时占领台湾的荷兰总督揆一，派一个叫何斌的中国人来见郑成功，希望能和郑成功通商，郑成功答应了。而后郑成功委托何斌在台湾收税，结果这件事被荷兰殖民主义者知道了，逼着何斌把所有的税都交还给荷兰殖民主义者。这件事使何斌非常生气，因此他就偷偷地画了台湾的地图，图上有良田万顷以及各条河流的小道，还有许多森林树木。何斌把地图带到厦门献给郑成功，劝说郑成功攻打台湾。他说，台湾领土广阔、土地肥沃，可以生产足够的粮食，而且森林树木品种繁多，可以作为造船的材料。况且你父亲过去曾在台湾居住过，那里就相当于是你的故土，如果你能够占领台湾，就能解决郑家军的粮食问题。而且台湾四面是海，清军处于劣势无法前来攻打。你还可以从事国际贸易，自给自足，这样你的实力必然大增。郑成功听了他的建议，非常高兴，就开始认真考虑以台湾为根据地的可行性。

从另外一方面来说，郑成功的部下长年过着离乡背井、漂泊海上的生活，早就盼望着能安定下来。而当时人烟稀少的台湾急需有人去开垦。为了解决迫在眉睫的粮食问题，郑成功决定把军队带到台湾去。于是就召开会议，和部将们商议迁往台湾的事宜。

在会议上，部将们听说郑成功准备迁往台湾，许多人表示不同意，其中以吴豪反对声浪最高。因为他是郑成功的将领中唯一到过台湾的人，他对台湾的情况最为了解。他说："台湾那儿的港口很浅，军队现在使用的这种较大的船只根本进不去。况且台湾的阳光长年直射，天气又热又潮湿，瘴气很大，我们这些长期生活在内陆的人很难适应那儿的环境，会造成水土不服。还有占领台湾的荷兰殖民主义者，他们的武器十分先进，恐怕不是我们的军队可以抵挡的。"因此，他再三劝说郑成功慎重考虑。一些将领很赞同吴豪的看法。

郑成功的手下将领中，凡是从清政府那投降来的称为"北将"，从福建来的原本是郑成功旧部的都称为"南将"。可是，这一次反对到台湾的多半是南将，而北将却是大都赞同到台湾去。

有一个叫马信的北将就十分同意去台湾。他在会议上极力反驳吴豪说，荷兰殖民主义者的枪炮也没什么值得害怕的。如果真的尽了全力还是打不过荷兰殖民主义者，就再回到金门和厦门也不为迟。

对于马信反驳吴豪的话，郑成功感到非常欣赏。事实上，后来攻取台湾的时候马信确实建立了很大的功劳。他率领郑家军的主力军队，将武器先进的荷兰军队打得溃不成军，因此军中都称他"马本督"。马信还因为这一场国际战争扬名世界，外国人都称他为"BePontok"。马信去世后，当地的百姓给他建了一座庙，就是现在台南市的"马公庙"。

看到争论不休的场面，参军陈永华出来打圆场。他说，你们都有各自的道理。吴豪是因为对将军和部下很爱护，担心那儿的环境不适合大家。马信所说，是作为军人应有的态度，凡事尽力而为，然后再做定夺。

为什么会有如此大的分歧呢？这是因为郑成功和父亲郑芝龙一样，不仅领兵作战，而且还从事商业活动。他的那些旧部都做过生意，拥有一定的财产和社会关系，他们虽然想有一个安定的环境，但是却不愿意离开自己的老本营到荒无人烟的台湾去，而从清朝降过来的那些将领，却想到台湾开拓新天地。

因此，在这次会议上，究竟去不去台湾并没有得到定论。会议过后，性格倔强的吴豪再三劝说郑成功，郑成功对此很不高兴。后来郑成功在攻台湾时，就以吴豪抢劫老百姓的金钱、私藏粮食等借口，把他给杀了。

没过多久，这时仍在长江上游驻守的张煌言，听到郑成功的这个想法，连忙来信表示反对。他认为郑成功如果退守台湾，就会与大陆失去联系，会令天下的老百姓都感到失望。张煌言之所以力劝郑成功不要去台湾，就是担心郑成功去台湾后对光复明室就不会那么出力了。甚至于他还害怕郑成功到台湾后自立为王。不只是张煌言，许多人对郑成功去台湾都抱着怀疑的态度，郑成功对迁往台湾承受很大的压力。

郑成功却认为前往台湾是解决当前困难最好的办法。但是部将们意见不统一，让他十分为难，于是他费尽心思想了一个办法。

郑成功给了何斌一笔钱，暗自命令他回台湾到一些荒山野地中布置神迹。于是，何斌立即回到台湾操作起来，并不断散播关于神迹的谣言，那些谣言一时之间广为传播，没多久就传到大陆了。这些神迹的谣言有，在现在高雄凤山滨海的地方，有一块很大的石头。有一天石头突然自动裂开，上面墨迹斑斑，写着斗大的字："凤山一片石，堪容百万人。五百年而后，闽人来居之。"

还有一个传说，住在安平的一位农夫，正在犁田的时候，忽然发现一块石头上面刻着"山明水秀，闽人居之"。又有人传说，在澎湖的山上也看到"闽人来，万民泰"的字迹。

最初，郑家军对这些谣言不是很相信，但是传的人愈来愈多，还愈说愈起劲，他们自然也就愈听愈心动了。郑成功这个计策果然奏效了。一段时间以后，许多部将都改变主意，纷纷表示愿意到台湾去。

郑成功带着庞大的军队和招来大量的内陆百姓开垦台湾，开创了海岛经济的模板，才有了台湾今天的繁荣富强。郑成功在确立台湾属于中国的主权上功不可没。

奋勇抗战除荷虏

郑成功下定决心要攻打台湾，因此就开始储备粮草、练兵造船、侦察敌情等准备工作。还制定了周密的作战策略，即首先收复澎湖作为进军的根据地，然后通过鹿耳门港在台江登陆作战，并切断荷兰军建造的军事基地台湾城与赤嵌城的联系，并将其一一歼灭，再收复台湾全岛。

永历十五年（1661年）二月，郑成功率领将士们在金门举行隆重的誓师仪式。在二十三日，郑成功亲自率领第一支队伍从金门出发向台湾海峡前进，次日到达澎湖列岛。郑成功知道距台湾最近的澎湖军事位置十分重要，便把这儿作为根据地，留兵驻守，他则继续率大军前进，不料，海面上一连好几天都刮着暴风，眼看不能按预定时间到达鹿耳门港，郑成功便决定强渡。

为什么必须在预定时间到达鹿耳门呢？这里要先来说说郑家军所用的船只。

郑成功的海上军事力量一直胜过清军的一个重要原因，就是郑成功拥有非常坚固和利于作战的福船。当初戚继光对付倭寇就是使用的福船。福船要比当时日本人所造的船更加坚固、高大，因此福船也是海战中最有力的武器。

明末清初最好的船只可以分为福船和广船两种。福船就是福建生产的，因为当地有制作船只所需的优质木材和良好的工艺。与体积庞大笨重、种类单一的广船相比，福船根据船的大小有好几种，其中最大的福船称做大福船，适于在海洋中航行。但是过于庞大的船只在作战时反而不方便，因此较小的福船（分为哨船和冬船两种），就是用于作战的船只。

其中还有更小的称作鸟船和快船，这是用来侦察敌情、协助哨船和冬船作战，或者是突击敌方的。在军事上，福船非常符合作战的需要，而长期驻守在福建沿海的郑家军所用的船大部分都是福船。

如果福船在五年之内没有好好地保养修理，将会全部腐烂。郑成功收复台湾后却始终没有找到适合制造福船的木材。而清政府当时实行迁界政策，禁止任何木材运往台湾，郑成功只好向日本、南洋等地去寻求制造福船的材料。即使能够买到，但是运费昂贵，使得制造成本提高了好几倍，经济上的负担极为沉重。同时也缺乏精于造船的技术人员。这对郑成功来说，在后来与清政府的对抗中是极为不利的。

介绍郑家军的所用船只，是因为鹿耳门的水位非常浅，郑家军所用的福船体积较大，在一般情况下是无法通过鹿耳

鹿耳门港

门港的。要想顺利进入鹿耳门，必须利用每月初一日或十六日的大潮，如错过时机，就要向后推迟半个月。因此郑成功的军队必须在预定的时间内到达。

郑成功亲自率船队冒着暴风横渡海峡，终于在四月一日到达鹿耳门港外。郑成功之前已弄清楚了从鹿耳门到赤嵌城的路线，于是他先派出一小队人进入台江内海侦察荷军情况。鹿耳门潮涨后，郑成功命令军队迅速通过。顺利通过鹿耳门后，立即兵分两路，一路登上北线尾；一路驶入台江，准备在禾寮港（今台南市禾寮港街）登陆。

荷军的战略基地台湾城、赤嵌城位于台南市。这里海岸曲折，两城之间有一个内港，叫做台江。荷兰军曾在北线尾岛（位于台江海中）北端建有热堡，后来在一次台风中倒塌后便没有再驻军。荷兰军认为郑成功的军队一定会从南航道驶入。他们决定利用所处的险峻地理位置，再用舰船封锁南航道海口，与台湾城、赤嵌城的炮台相配合，就可阻止郑军登陆。想不到郑成功的军队从鹿耳门驶入台江，这样就远在荷兰军大炮射程之外。荷兰侵略者面对浩浩荡荡的郑军船队束手无策。郑家军按照之前制定好的作战策略，迅速切断了台湾城与赤嵌城荷军的联系，准备从侧背进攻赤嵌城。在北线尾登陆的一支郑家军驻扎于鹿耳门，以牵制荷兰侵略军兵船。

台湾当地的汉族和高山族百姓见郑家军到达，不仅热烈欢呼，还大力支援，为郑家军的顺利登陆创造了条件。

荷兰殖民者首领揆一迅速展开对郑家军的攻击。凭借着荷兰军的坚船利炮分三路进攻，一路战舰向台江进攻；一路由贝德尔上尉率兵向北线尾的郑家军进攻；一路由阿尔多普上尉率兵增援赤嵌城。郑成功也调整了部署，命部将王大雄、陈蟒率兵控制鹿耳门海口，以便接应第二批到来的郑家军；令陈泽率兵防守北线尾一带，以保障主力侧后安全，并置台湾城荷军于腹背受敌的境地；另派一支军队监视台江江面，切断赤嵌城与台湾城的联系，为从海、陆两面打败荷兰侵略军做好准备。

在北线尾，陈泽率大部兵力从正面迎击，另派一部分兵力迂回到敌军侧后两面夹击。贝德尔指挥的荷兰军顿时手足无措，许多人甚至还没有开火便把枪丢掉落荒而逃了。南路增援赤嵌城的荷军，也被郑军打败。这时赤嵌城的荷兰守军力量单薄，处境十分危急。郑成功随即加紧对赤嵌城的包围，同时劝赤嵌城守军将领投降。没多久就收复了赤嵌城。

台湾城是荷兰殖民者在台湾的统治中心，城墙坚固，枪炮先进，防御设施非常完备。但是赤嵌城被郑成功占领之后，台湾城已是一座孤城，城内缺粮、缺水，荷兰军处境十分困难。郑成功几次写信给揆一，让他主动投降，揆一坚决不降。郑成功调集大炮摧毁了台湾城大部分防护墙，荷兰军于城上集中枪炮还击，并出城抢夺郑家军大炮，被郑家军弓箭手击退。但是台湾城城池坚固，一时难以攻下。郑成功一方面派遣提督马信率兵围困荷兰军，一方面把剩下的兵力派去开荒。

五月，荷兰殖民当局得到荷兰军在赤嵌城战败和台湾城被围的消息后，匆忙派兵支援，均被郑家军打败。台湾城的荷兰军被围数月，军粮得不到补给，士气低落，不愿再战。十月，揆一为了挽救即将战败的命运，企图与清军勾结夹击郑成功。揆一的使者到福建后，清军要求荷兰军先派战舰帮助他们攻打厦门，然后再解台湾之围。结果揆一派出援助清军的军队逃走了，勾结清军夹击郑军的企图完全落空了。荷兰士兵为求活命陆续向郑军投降。这时郑成功开始转守为攻。

之前，郑成功为了攻下驻守热兰遮城堡的荷兰军，增建了三座炮台。反守为攻后，郑成功首先下令猛烈攻击热兰遮城堡，随后便攻下了。于是利用热兰遮城堡居高临下的地理位置向台湾城猛烈轰击。揆一在城上督战，看到城防已被突破，走投无路，只得同意与郑成功谈判。经过会谈，揆一"愿罢兵约降，请乞归国"。

被荷兰殖民主义者占领了三十八年的台湾，终于光复了！

郑成功曾对部下说："感谢苍天有眼，让我得到台湾这样一块地方。能够在这里开垦耕种，这就是所谓的天无绝人之路吧！现在有了台湾，我们可以先把军队投入农业生产，使自己在粮食方面能够自给自足，然后再做光复明室的打算。"

郑成功收复台湾以后，首先需要解决的就是粮食问题，于是定下了寓兵于农政策，并立即着手实施。他带着何斌、马信、萧拱辰以及几百名士兵，先后到新港、麻豆、目加溜湾等地去巡视，最后回到安平宣布了寓兵于农的政策。所谓寓兵于农，就是为农者七，为兵者三。平

收复台湾的郑成功

时无战事的时候士兵就作为农民，一旦有战事立即回到军中。当时郑成功的屯垦区大多在现在的彰化、嘉义、台南、凤山一带。在台湾浊水溪的北方，以及淡水一带很荒凉，人迹罕至。台南市周围则被当地的百姓开垦过了。

当时的郑家军总共还不到十万人。在这些人中，大部分都有军事任务，不能参加开垦荒地。由于人手不足，郑成功开始派部下大做宣传，希望沿海不能保障生活的百姓，都可以到台湾来耕种土地。在郑家军的大力号召下，吸收了十余万从大陆来的百姓，他们对发展台湾农、渔业是功不可没的。

在台湾发展的过程中，郑成功的部下也发挥了不能忽视的作用，其中就有一个名叫陈永华的人。他是之前为守同安城而战死的将领陈鼎的儿子。陈永华在父亲殉难之后，就投奔了郑家军。

陈永华聪明过人，善于运筹，明智果断，有"小诸葛"之称。

郑成功也非常信任他,来到台湾后,有关军政农教措施也多采用陈永华的建议。

实行"寓兵于农"的屯田政策就是陈永华提出的,这个政策使人人各尽其能,发挥最大的人力发展农林业。教百姓种植甘蔗,生产食糖,再将食糖远销国外,发展了台湾糖业,大大增加了税收收入。

在迁界政策中,那些丧失房屋财产、流离失所的沿海居民听说移民台湾的人,生活比他们安定、富足,因此都愿意到台湾来。陈永华就给他们以优待,吸引更多的大陆居民迁到台湾。每年渡海而来的有好几万人,使开发台湾的人力大量增加。陈永华又设立学校,发展教育,并从大陆请来许多饱学之士做教师。

这样,郑成功不仅解决了粮食问题,还扩大了自己的军事实力,为以后的战争做足了准备。

壮志未酬身先死

郑成功收复台湾的这一年,也是他生命的最后一年。当年的五月他就病逝了,正值39岁的英年。郑成功的去世,虽然是因为对台湾的水土不服以及长年作战劳累生病所致,但深究的话,君亡、父死、子乱都是导致他如此年轻就去世的原因。

郑成功在南京之役中失败的原因之一，是围剿李定国军队的南下清军及时赶回来增援驻守南京的清军。在此之前，李定国的西南战场连连败退，永历帝被清军逼到缅甸。后来，明朝降将吴三桂攻入缅甸，永历帝被俘，就在这年的一月被绞死在昆明。郑成功得知永历帝的死讯后，悲愤万分，恨透了清政府。

同是这年的一月，清政府看到郑成功已经退守台湾，很难依靠武力打败他，而且他又拒不投降，留下郑芝龙已经毫无用处了，就干脆把郑芝龙及抓获的郑家人都处死了。处死郑芝龙的地方就是北京的"柴市"，也就是宋朝文天祥殉国的地方。

不久，在台湾的郑成功就得到了北京传来的消息，知道父亲被害，全家无一幸免。虽然这是意料中的事，但是身为人子，得知父亲死讯，像是万箭穿心，简直痛不欲生。郑成功沉痛地向大陆方向大声喊道："父亲，如果您当初听我的劝告不要投降，怎会有今天的杀身之祸呢？您当初为何轻信他们，否则也不至于身死异乡，不得善终啊。"所有的郑家军都随着郑成功披麻戴孝，向郑芝龙的亡灵祭拜。

父亲被杀害后，郑成功与清政府不仅有国仇，还有家恨，因此他决定忘记悲痛，努力扩充自己的实力。郑成功是一个非常积极的人，不论遭遇到任何艰危险阻或处于任何的逆境，他总是充满了雄图壮志，绝不灰心丧志，向环境低头。

郑成功收复台湾后，打算发展海岛贸易。第一步就是与现在的菲律宾通商，因此他先派了使者到那去。郑成功希望能够取得更多东南亚边缘的岛屿后再向北向南发展，成就一个更壮大的海上势力。

当时的菲律宾称为吕宋，是西班牙在远东的一个据点，他们希望以菲律宾为根据地，来发展远东的贸易。菲律宾的华侨非常多，他们的勤奋对西班牙的商业，有着很大的帮助和影响。但是西班牙又害怕华侨势力壮大后发生叛乱，就迫害他们，当时发生了好几起集体屠杀华侨的惨剧。

郑成功童年的时候一直生活在国外，小的时候就感受过华侨的不公平待遇。后来，郑成功一直活跃在沿海地带，他深深地了解华侨在国外所受到的不平待遇，知道华侨在国外没有政府保护，独自奋斗的痛苦。因此他对在菲律宾遭受凌辱的华侨非常同情和关心，对西班牙的行为特别愤慨。他知道西班牙人在菲律宾岛并没有多强的军事力量，于是就有了攻取菲律宾的打算，并借以扩大自己的军事力量。

对于是否攻取菲律宾，在郑成功的将领中有两派意见。颜望忠、扬祥等人非常积极地希望郑成功能够攻打菲律宾；但是冯锡范却认为最好不要这么做，他认为首先是师出无名，这样会给外国人留有郑家军是侵略者的印象；其次是扰乱地方，派兵攻打菲律宾，可能对当地的华侨一点好处都没有；还有就是鞭长莫及，难以长期把守。但是郑成功还是希望能攻下菲律宾，他决定先派一位使者前去考察一下。

郑成功在厦门时，有一位意大利的传教士为他工作，这个人的中文名字叫李科罗。李科罗聪明机智，而且口才很好，他懂好几国的文字，会说好几国的语言。郑成功对他非常的礼遇，深得郑成功的信任。当时郑成功和西方人交涉事务时都询问他的意见。

郑成功派李科罗做他的特使，出使菲律宾。李科罗的任务，表面上是到菲律宾向当地的西班牙人劝他们向郑成功纳贡，而私底下则是秘密地鼓动当地的华侨，起而反抗西班牙的统治者，郑成功准备派海军来和他们配合。

不料这件事没能做好保密工作，被西班牙殖民者知道了。西班牙殖民者下令整个马尼拉（菲律宾首都）进入戒严状态。西班牙殖民者威胁当地的华侨要把他们集体屠杀，使得华侨们惊恐万状，纷纷作逃命打算。

这时有一艘从马尼拉到台湾的船，有人把情况告诉郑成功。郑成功大为震怒，他终于下定决心要攻取菲律宾。以他当时的实力，也许能够成功地把西班牙势力驱逐出去。遗憾的是，还没有出发他就病逝了。

郑成功的去世，对菲律宾岛上的西班牙人来说，是一件非常值得高兴的事，因为菲律宾能够派出作战的人，只有两百名西班牙士兵和四百名的土著，根本无法和郑家军相抗。当时在马尼拉有一位传教士，他记载了西班牙殖民者焦急的心情，他是这样描述的：

"中国是非常厉害的一个民族，他们比西班牙人更能克服困难。我曾听说，五个兵中间就有一个厨子，所以他们都吃得很好。组织非常严密，他们的长官都记得每个兵士的名字。这种勇敢善战的军队，人数又这么多，如果真的来攻打菲律宾的话，真是不堪设想。以现在菲律宾的形势来说，至少需要六千名兵士才能抵抗。可是目前的武力，恐怕连十分之一都不到。"

君父皆亡，使郑成功的病更加严重了。这时又发生了一件令郑成功无法忍受的丑闻，就是他生平最痛恨的通奸、乱伦之类的事情。

原来，郑成功的大儿子郑经给他生了一个孙子，取名为克臧。郑成功知道自己有了孙子，非常高兴。可是不久后他竟得知，孙子并不是郑经的原配夫人所生，而是郑经和郑家的乳母陈氏私通而生的。

郑成功是一个道德观念非常强的人，他曾经颁布过一道命令，凡是有人通奸的，通奸双方都要被处死。在中国的礼法中，乳母是八母之一（嫡、继、养、慈、嫁、出、庶、乳）。郑经这样做，完全是违背了伦理道德。郑成功万万没有想到，如此伤风败德的事情竟然发生在自己的家里。知道这件事后，他急怒攻心，病情更为沉重。

五月八日，病入膏肓的郑成功，穿好明朝的官服端坐在椅子上，开始念太祖遗训，念到第三章的时候，他泪如雨下，悲痛地说："自国家飘零以来，枕戈泣血，十有七年，进退无据，罪案日增，今又屏迹遐荒，遽捐人世，忠孝两亏，死不瞑目，天乎天乎！"说完这句话，他激动地顿足抓头（另一说为抓面），近乎疯狂状态，不久就倒地身亡了。壮志未酬身先死，长使英雄泪满襟。悲剧英雄郑成功的一生有太多的遗恨。

对于这个伟大的民族英雄，最重要的功绩当然是驱除荷兰殖民者，收复台湾。他维护了国家领土和主权的完整，保障了国家安全，维护了人民利益及民族尊严。收复台湾后，他顾不上作战的疲劳，又投入到对台湾的建设中去。在发展台湾的过程中，不仅开荒种田，同时发展各种产业，大力发展教育，使台湾人民不只是生活上富足，知识修养也大大提高。

另外，郑成功费尽大半生心血是为了打败清政府，光复明朝。也许在今天看来，这点似乎阻碍了中国的统一。但是在当时那个时代，清朝的建立是外族人霸占了汉族人的家园，郑成功是为了夺回自己的家园而战，这种精神是伟大的，是值得后人永远学习的。

郑成功指挥抗击荷军的瞭望台